Sobre el guión

BIBLIOTECA DE LA MIRADA

dirigida por Guido Indij

NOTA DE ENVÍO

La biblioteca de la mirada surge en 1995 con la intención de agrupar aquellos textos que pasan por el escritorio de **la marca editora**, y que, a pesar de pertenecer a diversos géneros discursivos —paper, ensayo, arte, crítica, pop, antología, teórica, fotográfica, manifiesto, revista, etcétera— pueden ser ordenados en una misma categoría: son capaces de hacernos reflexionar sobre nuestro lugar como lectores.

Esta colección se propone informar con el fin primordial de formar en el lector un mirada activa, no inocente, un ojo capacitado para abordar analíticamente la compleja trama generada por la cultura.

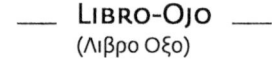

—— LIBRO-OJO ——
(Λιβρο Οξο)

Si existe un común denominador para los libros que integran esta biblioteca, resultará inútil buscarlo en el formato, o en los criterios de diseño, o de color de tapa...
Éstos no refieren necesariamente (al menos no en forma directa) a los medios, pero son herramientas escenciales para el desarrollo de una reflexión crítica y de la supervivencia en la sociedad del espectáculo, en una sociedad de la información.

Su objetivo es político, en tanto apunta a reponer protagonismo en el rol del receptor y procuran señalar —de las más diversas maneras— los mecanismos de la percepción.

Sobre el guión

Dominique Parent-Altier

la marca editora

Título original	*Approche du scénario*
Edición original	Editions Nathan, 1997
Título en español	*Sobre el guión*
Autor	Dominique Parent-Altier
Traducción al español	Flavia Puppo
Colección	Biblioteca de la mirada
Director de colección	Guido Indij
Asistencia de investigación	Fernando Blanco
Corrección	Eduardo Bisso
Tapa	Aymará Petrabissi
Foto	Shutterstock
Editorial	**la marca editora**
Oficina	Pasaje Rivarola 115 (1015) Buenos Aires, Argentina
Fax	(54-11) 4 383-5152
Tel	(54-11) 4 383-6262
E-mail	lme@lamarcaeditora.com
W³	www.lamarcaeditora.com
Imprenta	Altuna Impresores S.R.L.
Taller	Doblas 1968, Ciudad Autónoma de Buenos Aires, Argentina
ISBN	950-889-067-3
Primera edición	Junio de 2005
Primera reimpresión	Febrero de 2016
Lugar de impresión	Buenos Aires, Argentina. *Printed in Argentina*
Depósito de ley	11.723
©	**la marca editora**

Cet ouvrage, publié dans le cadre du Programme d'Aide à la Publication Victoria Ocampo, bénéficie du soutien du Ministère des Affaires Etrangères et du service Culturel de l'Ambassade de France en Argentine. Esta obra, publicada en el marco del Programa de Ayuda a la Publicación Victoria Ocampo, cuenta con el apoyo del Ministerio de Relaciones Exteriores de Francia y del servicio cultural de la Embajada de Francia en la Argentina. Y con ayuda del Centro Nacional del Libro del Ministerio de Cultura de Francia.

Parent-Altier, Dominique,
Sobre el guión / Parent-Altier, Dominique. - 1a ed . 1a reimp. - Ciudad Autónoma de Buenos Aires : la marca editora, 2016.
176 p. ; 20 x 14 cm. - (Biblioteca de la mirada / Guido Indij)

Traducción de: Flavia Puppo.
ISBN 978-950-889-067-2

1. Guión Cinematográfico. I. Flavia Puppo, trad. II. Título.
CDD 792

No se permite la reproducción parcial o total, el almacenamiento, el alquiler, la transmisión o la transformación de este libro, en cualquier forma o por cualquier medio, sea electrónico o mecánico, mediante fotocopias, digitalización u otros métodos, sin el permiso previo y escrito del editor. Su infracción está penada por las leyes 11.723 y 25.446.

Introducción
¿Qué significa ser guionista?

No hay reglas sobre el arte de componer. Si fuera posible componer con la ayuda de reglas, Tiziano y Veronese serían hombres comunes y corrientes".
John Ruskin, crítico de arte.

Al comienzo era el verbo.

Una vez, cansado de oír hablar del famoso 'Capra's touch' ensalzado hasta la saciedad por la crítica norteamericana, Robert Riskin[1], el guionista de casi toda la obra de Capra, le mandó a este último un guión encuadernado de 120 páginas, todas en blanco. En la guarda Riskin había escrito las siguientes palabras: "Estimado Frank, aplícale tu famoso 'touch' a esto".

Es evidente que otros muchos guionistas norteamericanos hubieran podido hacer esta misma broma amarga. Dudley Nichols, Nunally Johnson, Charles Bennet[2] y muchos otros, cuyos

[1] Robert Riskin fue el guionista habitual de Frank Capra: *L'homme de la rue*, *l'Extravagant Monsieur Deeds* y *New York-Miami*.

[2] Dudley Nichols escribió más de treinta obra maestras entre las que citaremos *Le Mouchard*, *La Chevauchée fantastique* y *La Patrouille perdue* (John Ford), *L'impossible Monsieur Bébé* (Howard Hawks), *Chasse à l'homme*, *La*

nombres nadie se ocupó nunca de reunir en un diccionario y cuyas obras prácticamente no se han analizado, siguen siendo desconocidos para el gran público. Sin embargo, estos guionistas, así como otros cientos que por falta de espacio no citaré en este libro, escribieron los guiones que constituyen los cimientos del cine hollywoodiano clásico.

Hubo una época, tiempos felices para los autores, en la que el público francés estaba muy al corriente de sus guionistas y dialoguistas. Durante los años 30, e incluso durante la Ocupación, las familias –al completo– tenían por costumbre ir los domingos al cine a ver una película de Spaak, de Aurenche, de Jeanson o de Prévert. Después de la Guerra, se añadieron otros recién llegados como por ejemplo la dupla formada por Aurenche y Bost, Sigurd y mucho más tarde, Audiard. Este reconocimiento de la labor del guionista en detrimento de lo que por aquel entonces se llamaba el director (el realizador) se percibió rápidamente por parte de la nueva generación como una manipulación de la estirpe de los guionistas del cine francés. "No hay sino siete u ocho guionistas que trabajan con regularidad para el cine francés. Cada uno de ellos no tiene más que una historia para contar y como cada uno aspira sólo al éxito de los dos grandes (Aurenche y Bost), no resulta exagerado decir que las más de cien películas que se realizan en Francia por año cuentan lo mismo".[3]

Rue Rouge (Fritz Lang). Nunally Johnson es el autor de *Les Raisins de la colère, la Femme au portrait, Comment épouser un milliardaire*. Charles Benet escribió las películas de Alfred Hitchcock que se consideraban más importantes: *Chantage, L'homme qui en savait trop, Los treinta y nueve escalones, El agente secreto*, y para concluir, veinte años más tarde, en 1956, la segunda versión de *L'homme qui en savait trop*.

[3] François Truffaut: "Une ceratine tendance du cinéma français", *Cahiers du cinéma* Nº 31, enero de 1954. Aunque el artículo es famoso, sobre todo por restablecer la figura del realizador como verdadero autor de la

Esta actitud de escepticismo respecto de los dialoguistas generó y alimentó a la Nouvelle Vague, que se sintió en la obligación de 'rescatar' la figura del realizador como progenitor oficial de la obra de arte, es decir, el filme. El guionista acababa de ser despojado del derecho de ser autor y esta situación perdura hasta el día de hoy.

Los lectores sabrán perdonarme el atajo que he tomado para puntualizar la historia de la evolución de las costumbres profesionales entre los autores/guionistas y sus primos hermanos, los autores/realizadores. Muchas páginas eruditas se han escrito al respecto, y basta con remitirse a ellas[4] para comprender la complejidad del problema de la identidad del guionista frente a la del realizador. La presente obra tratará sólo superficialmente este aspecto del problema para concentrarse en la elaboración de una metodología para escribir guiones.

De todos modos, es necesario dejar en claro el significado preciso de los términos usados en la profesión que dan muestra de una gran confusión, lo que pone de manifiesto e influye, desgraciadamente, en las decisiones profesionales de nuestros jóvenes guionistas.

La Nouvelle Vague instituyó la figura del realizador como verdadero 'autor' del filme. La palabra 'autor', hasta ese momento reservada a quien escribía, dejó de designar al guionista/dialoguista para pasar a designar al realizador, anteriormente conocido como director. Un autor es pues un realizador que no necesariamente es responsable del guión, sino que realiza una obra de arte. Ahora bien, la aparición del autor/realizador, categoría híbrida, mezcló nuevamente las cartas, ya que es el que

---

película, en el 90% del artículo se dedica a despotricar contra el poder de los dialoguistas en el cine francés.

[4] Respecto de los escritos de los protagonistas, consultar la bibliografía.

escribe el guión y a la vez quien realiza la película. Es evidente que esta función no es una novedad en la profesión, pero a través de este nuevo apelativo la palabra 'autor' recupera su identidad original de escritor. Parecería pues que un autor-realizador es simplemente un 'autor'. Cabe preguntarse por qué hay que legitimar la palabra 'autor', en el sentido de escritor, sólo en la fórmula autor-realizador.

De hecho la palabra compuesta de estos dos términos (cuyo significado cambia según las circunstancias en las que se los usa) genera una permanente confusión que da lugar a errores cuyas consecuencias son difícilmente mensurables. Pongamos el ejemplo de la gran cantidad de jóvenes franceses cinéfilos que creen que el cine norteamericano es un cine de autor-realizador más que cine de autor. Muchos piensan que John Ford, Frank Capra, Alfred Hitchcock, Howard Hawks, Robert Aldrich o Raoul Walsh escribieron sus propios guiones, cuando en realidad no es verdad en ninguno de estos casos. Estos 'autores', incluidos en el panteón del cine norteamericano, en su vida escribieron nada solos de puño y letra[5]. La esencia de su 'autoría' es exactamente la que enunciara la Nouvelle Vague: son maestros de la realización. Lo que no significa que dentro del cine norteamericano no haya autores-realizadores-guionistas. Orson Wells, Woody Allen, Alan Rudolph, John Cassavetes y más recientemente Quentin Tarantino representan cabalmente dicha categoría, y eso no impide que sean también grandes autores.

Esta confusión de palabras genera asimismo otra, sumamente peligrosa, ya que atañe a la identidad profesional y funcional del autor, del guionista y del realizador. Dado que no existe en nuestros jóvenes cineastas la aspiración a convertirse en guionistas

---

[5] El autor de la presente obra tuvo la oportunidad de comprobar la desilusión de muchos jóvenes cinéfilos al enterarse de que ¡ni Ford, ni Capra, ni Hitchcock había escrito una sola sílaba del guión de sus películas!

profesionales, se ha vuelto normal —y me atrevería a decir, tradicional— querer ser a toda costa autores-realizadores[6]. No quisiera sugerir que eso implique una vana esperanza. El cine contemporáneo francés se basa en esa noción, en esa aspiración. El peligro se manifiesta en otros ámbitos y de maneras diferentes:

1) La palabra compuesta autor-realizador sugiere que la acumulación de las funciones sigue siendo factible. Y no siempre es así. De hecho, las funciones de guionista y de realizador son muy diferentes. Exigen cualidades psicológicas, físicas y técnicas que pocas veces se encuentran presentes en una misma personalidad. El realizador tiene que ser, en su realidad cotidiana, a la vez director de orquesta, psicoterapeuta, técnico, actor, dramaturgo, etc. Deberá tener permanentemente presente la imagen precisa que quiere reproducir en la película y que traducirá su visión, todo eso en medio del ruido y el trajín del plató, por más calmo que éste sea. Para poder llevar a cabo su cometido, no podrá permitirse olvidar su intención inicial, dado que la intención del artista es el cimiento de cualquier obra. Los requisitos de un guionista no son menores, pero son diferentes.

2) Esta misma palabra compuesta origina una desvalorización de la función y de la calidad profesional del guionista. Es verdad que la materia prima fílmica, el celuloide en tanto soporte técnico, hará posible que la obra aparezca, y borrará la función del guionista tras la del realizador. Pero esta desvalorización de la función del guionista no radica

---

[6] Sin embargo, Truffaut no suscribió nunca a esta tendencia. Su panteón personal de realizadores que se merecían llevar el nombre de autores incluía a Robert Aldrich, Alfred Hitchcock, Howards Hawks. Todos ellos delegaron la escritura del guión, y por tanto el fundamento de sus películas, en uno o más guionistas.

sólo en el hecho de que su trabajo, mediante el pasaje del texto al filme, se desvanezca en el aire. Prueba de ello es que la obra de teatro —que no sufre, es cierto, las mismas transformaciones que las del guión— permite que el autor siga conservando su papel, a pesar de las múltiples adaptaciones que los directores puedan hacer de ella, llegando a menudo a metamorfosearla. En teatro, el nombre del director es importante, pero nunca hasta tal punto de borrar el nombre del autor.

3) Para concluir, esta palabra compuesta genera la desvalorización del mismo guión, especialmente en el momento de la escritura. En efecto, el autor/realizador tenderá a menudo a querer resolver los problemas de escritura directamente en el plató, más que en el momento de la escritura misma. Esta obra se propone demostrar lo contrario: es fundamental la puesta a punto rigurosa de la escritura del guión.

Está claro que la desvalorización que sufren el guionista y su trabajo no se debe sólo a la reunión de los términos de autor y realizador. Intervienen también cuestiones de orden económico y político.

- La industria audiovisual, por ejemplo, tiende a apostar por el guión pero a no reconocer la función del guionista. Mientras que los guiones, precisamente por ser la base de lo que será el producto audiovisual, son muy buscados, lo son mucho menos los guionistas. Se establece así una separación entre el autor y su obra, que a su vez alimenta la desvalorización del guionista respecto de su mismo guión. Esta situación se suele dar en la industria televisiva y produce varios efectos 'perversos', como ser la reescritura sistemática del mismo guión original por parte de varios 'guionistas'. Extrañamente nos encontramos, en el mismo centro del patrimonio televisivo francés, con una estructura taylorista del trabajo, en la que se basa la industria del cine norteamericano, lo que no deja de generar permanentes recriminaciones por parte de los guionistas llamados 'televisivos'[7].

- La industria actual del cine francés tiende a 'montar' una película basándose en el renombre de un realizador más que en el del guionista y a confinar a sus autores a los límites del papel, salvo que no realicen ellos mismos sus obras escritas, tal y como hemos visto antes.

De esta situación son responsables también los mismos guionistas, que ya no pueden o no quieren luchar contra un estado de hecho que parece inmutable e indiscutible. En efecto, ¿de qué vale escribir para el cine si ningún realizador hará la película? En el corazón de todo guionista neófito se esconde esta idea insidiosa: "¿Por qué debería ser guionista pudiendo ser realizador?". Esto es lo que buscan los organismos culturales y políticos de hoy en día que, al favorecer la realización, la producción y la gran distribución, se olvidan de la obra fundacional, y por ende contribuyen al empobrecimiento del patrimonio escrito del cine.

Es por tanto urgente revalorizar el guión y al guionista profesional, independientemente de que el trabajo de realización sea esencial. Esta obra, dirigida sobre todo al lector interesado en la escritura del guión, se propone también contribuir a esta revalorización. No nos olvidemos de que aunque sea normal que el guionista y su obra se vean absorbidos en el filme, éste no podría existir sin esta innegable abnegación. Por otra parte, numerosos son los realizadores que admiten la necesidad de una revalorización del trabajo del guionista, aunque sólo fuera en aras de la

---

[7] A este respecto, Alain Krief, fundador de la Orden de Guionistas, lucha sin cesar para que a éstos se los reconozca, con reglas y estatutos, en el marco de una profesión que existe.

continuación de su propia creatividad. De hecho, muchos consideran vano el conflicto sobre la paternidad de la obra fílmica. Fellini, autor por antonomasia, no puede prescindir de Tonino Guerra, guionista de *Amarcord* (1973), *Ginger y Fred* (1985) e *Y la nave va* (1983). Théo Angelopoulos no ha dejado de repetir que "Tonino Guerra es el poeta", quien a lo largo de sus guiones, imagina, proyecta, visualiza sin límites y ve sus 'visiones' transformadas por la cámara, como podemos comprobar en *La mirada de Ulises* (1995). Krzysztof Kievslowski no habría realizado el *Decálogo* (1988), *Azul, Blanco* o *Rojo* (1993) sin la contribución de su *alter ego*, el guionista Krzysztof Piesiewicz, así como tampoco Yasujiro Ozu habría podido realizar sus películas sin Kogo Noda, el autor de todos sus guiones. Por no hablar de uno de los directores más importantes, Alain Resnais, que no concibe ninguna de sus obras sin una escritura fundadora. Sus películas, que enriquecen nuestro patrimonio cinematográfico, no hubieran podido existir sin los textos. Su misma existencia demuestra que es posible crear en el papel la poesía de futuras obras fílmicas y que en ello reside la alquimia.

A la pregunta de '¿qué es un escritor?', responderemos: un escritor es alguien que lleva a cabo el acto de escribir. El acto acabado adquiere la forma de un libro en el que la idea inicial del autor está reproducida fielmente a través de palabras. A la pregunta de '¿qué es un escultor?', responderemos con la misma seguridad que un escultor es una persona que trabaja la madera, la piedra o cualquier otro material y cuyo trabajo acabado, la escultura –abstracta o figurativa– refleja la idea creadora de su autor. Preguntas semejantes evocarán la función del músico, del realizador o del carpintero. Todas las respuestas pondrán en evidencia la filiación, más o menos profunda, pero a la vez directa, que se inscribe entre el acto creador y la encarnación de dicho acto, es decir, el producto terminado.

Pero, ¿qué pasa con el guionista? A la pregunta de '¿qué es un guionista?', responderemos que es alguien que emprende el acto de escribir, pero cuya obra terminada, el producto final, no se da bajo esa forma. El guión no es sólo y simplemente algo legible. Se da pues una ruptura de la filiación a la que nos referíamos antes. Comprender la existencia inevitable de esta ruptura, propia del ámbito del cine, e incorporar de manera profunda su significado, es esencial para que el guionista pueda llevar a cabo su trabajo. Éste deberá aceptar que:
- su trabajo es una obra inacabada que se verá completada en el acto fílmico;
- si bien es autor de una película en papel —identidad muy transitoria, por cierto— él no es el autor de la película;
- la desposesión de su acto creador —el pasaje de la escritura a la imagen— es indiscutible, pero que esto puede volverse tanto motivo de alegría como de angustia.

Deberá pues familiarizarse con los variados sentimientos que conlleva esta desposesión, esta renuncia a lo escrito;
- deberá también aprender a manejar otra ambigüedad, en este caso de índole más técnica, que consiste en usar la trama de la sintaxis clásica para sugerir la de la sintaxis fílmica, es decir, la imagen. Éste es, por otra parte, el objetivo de este libro.

Pero ante todo deberá tener presente que será en su boceto, en su obra, por más inacabada que sea, en la que se basa la futura película, y que sólo la encarnación de su imaginario en el verbo da origen al filme. En esta conciencia reposará su orgullo.

Capítulo 1
La compaginación

1. ¿Para quién escribe el guionista?

1.1 Estandarización de la página de guión

La tipología del guión es muy rígida y muchos guionistas principiantes consideran que esta rigidez es arbitraria. Sin embargo, la forma en la que el guión se organiza tipográficamente en el folio no es fruto del azar, ni tampoco de reglas arcaicas y sin importancia. De hecho, la estandarización de la página de guión refleja:
- Los elementos dramáticos que pertenecen sólo al cine y que constituyen sus herramientas más valiosas.
- Un interés constante por la tecnología del cine, que el guionista no puede dejar de tener en cuenta.
- La realidad del público del guionista, es decir, el lector, el realizador, el equipo técnico y el espectador.

Además, al subrayar los elementos dramáticos más importantes del relato cinematográfico y al oponerse a los propios del relato dramático o novelesco (teatro, novela o *nouvelle*), la especificidad de esta compaginación impone al guionista preguntas sobre la forma última de su obra. Por ejemplo, ¿usará la historia en su favor las características específicas del cine? ¿Es realmente el relato fílmico la forma narrativa que mejor expresa la intención del autor, así como también sus dotes literarias?

Es pues esencial que, antes de plasmar el relato en forma de guión, el guionista reflexione profunda y atentamente, de tal forma de que llegue a la conclusión de que el formato de escritura elegido expresa sus ideas.

1.2 ¿Para quién escribe el guionista?

Contrariamente a lo que ocurre con el libro, en el que el escritor establece una relación unilateral con un único lector, el guionista establece con su público una relación múltiple. De hecho, el guión deberá ser descifrado por varios rubros de profesionales cuyas necesidades son muy diferentes.

Durante la escritura, el guionista se dirige al lector, al realizador, al equipo técnico, al actor y por último al espectador, más o menos en este orden. Por otra parte, el formato guión interpela constantemente al guionista mismo y le impone una reflexión sobre las decisiones técnicas y dramáticas que deberá tomar.

El lector

En Estados Unidos la primera persona que lee un guión es el agente del guionista o a veces un '*reader*'[8] profesional que trabaja para los estudios o para las independientes (*indies*[9]) y que es responsable de la selección de los guiones que serán producidos. En el caso de que el guionista tenga la posibilidad de dirigirse directamente a una productora, el productor será el primer lector. Esta oportunidad se da pocas veces para los guionistas norteamericanos, para quienes es fundamental estar representados por un agente, aunque sólo sea a nivel jurídico.

---

[8] El 'reader' es la persona que se encarga de leer los guiones que les mandan los agentes.
[9] Las 'independientes' son productoras que hoy en día funcionan como los estudios. Su nombre obedece a su voluntad inicial de separarse del monopolio de los estudios.

En Francia, donde el hecho de estar representado por un agente no determina la trayectoria del guionista, el primer lector de la obra será probablemente el productor o, en una situación ideal, el realizador. Una situación ideal supondría una íntima colaboración entre el guionista y el realizador en la elaboración del producto final.

Sea cual fuera la identidad de este lector, es fundamental que el guión esté 'escrito' realmente, que tenga un estilo propio, un ritmo y una lengua que hagan que la lectura sea fluida y agradable, pero sobre todo, que consiga evocar la futura imagen. El guión no debe considerarse como un conjunto de simples indicaciones escénicas plasmadas en un formato diferente al de la dramaturgia teatral, en la que se especifican los lugares. En el relato del guión, todo lo que no es diálogo es descriptivo y tiene que sugerir la imagen. Esta evocación escrita de lo que más tarde habrá de convertirse en imagen es lo que define al guión mismo. El guionista experto sabrá usar tanto su talento de visualización como de escritura no sólo para organizar el relato, sino también para poner el sello de su personalidad literaria, además de una gran cantidad de información dramática.

El realizador
A pesar de haberlo colocado en segundo lugar, en Francia suele ser el primero en leer el guión, si es que no lo ha escrito él. En la Introducción se ha mostrado la dicotomía que existe entre el guionista y el autor-realizador y se ha subrayado que el mayor problema del guionista, cuando sabe que va a realizar su propio guión, radica en su fuerte tendencia a escribir en función de esta realización, es decir, en función del rodaje que hará. Por eso no suele tomar en cuenta de manera rigurosa, en el cuerpo del relato mismo, todas las indicaciones dramáticas que son necesarias para la elaboración de un guión completo. La presente obra repetirá

una y otra vez lo importante que es que el guionista dé al realizador todos los elementos dramáticos posibles, de tal forma que el realizador pueda elaborar una obra que, sin dejar de ser personal, sea también del guionista.

Pero, ¿es realmente posible? Evidentemente no es posible forzar a este último a filmar exactamente lo que está escrito en el guión, salvo que haya una estrecha colaboración entre guionista y realizador. Por un lado, el pasaje del texto a la película, por más fiel que éste sea, implica una operación sobre la que el guionista no detenta ningún poder; por el otro, sería impropio y hasta reductor ver el papel del realizador como simple traductor del texto escrito. El realizador tendrá también su propia versión y, en los casos más felices, su talento y su visión elevarán el texto escrito.

De cualquier manera, es lícito pensar que una escritura refinada y con gran poder de evocación sugerirá al realizador una película que no habrá de traicionar el espíritu propio del texto. La visión 'elevadora' del realizador no podrá sino reflejar el imaginario del guionista. Los lectores ya se habrán percatado de que esta esperanza es la que justifica la existencia de la presente obra.

El equipo técnico

A pesar de que la siguiente lista no es exhaustiva, intentará dar cuenta de los personajes principales, a saber: el director de producción, el asistente de dirección, el director de fotografía y el ingeniero de sonido, que a su vez repartirán a sus respectivos asistentes las numerosas tareas de rodaje. A esta lista habrá que añadir el director de *casting* o de reparto, el director de exteriores, el figurinista, maquillador y peluqueros, sin olvidarnos del director de arte.

Todos ellos tendrán que leer el guión, donde encontrarán las indicaciones necesarias para llevar a cabo su tarea.

Por ejemplo:
- El estudio del guión informará al responsable de exteriores de la cantidad exacta de lugares que habrá que tomar en cuenta para las necesidades del rodaje.
- Asimismo, este estudio permitirá al director de *casting* elegir o ayudar al realizador a que elija los actores en función de los personajes, del argumento, del tema o del género de la película.
- El director de producción podrá a su vez elaborar un desglose en planos de las escenas ambientadas en un sitio específico —como por ejemplos todas las escenas que se rodarán en un maizal, en exteriores, o todas las escenas que se desarrollan en una caja fuerte de un banco, en interiores —lo que le permitirá planificar el rodaje de manera detallada y funcional. Estas escenas podrán rodarse en un orden favorable al plan de trabajo de la película, y dicho orden estará supeditado sobre todo a ganar tiempo y no a la cronología del argumento.
- Tras la lectura del guión, el director de arte, que tiene la facultad de hacer o 'deshacer' una película según el talento y conocimiento aportados, deberá crear el entorno físico en el que se moverá el personaje. Muy a menudo la ambientación, el decorado, al igual que el lugar, se convierten a su vez en personajes.

El actor

El actor, elemento indispensable de la historia, es también un lector importante en el que el guionista no suele pensar tanto como debería, ya que se basa en sus diálogos para 'animar' al actor.

Sin embargo, gracias a una cuidada compaginación de su obra, el guionista deberá suministrar al actor la mayor cantidad posible de información psicológica, física y relativa a las circunstancias para que éste pueda encarnar al personaje. No obstante, es necesario respetar la personalidad del actor respecto de la del personaje. Para lograrlo, no habrá que desbordarlo con indicaciones escénicas inútiles, que no hacen más que ocupar espacio. El diálogo debería ser lo suficientemente 'sustancioso' como para que el actor pueda, por un lado, hacerse cargo de la personalidad del protagonista, y por el otro sentirse cómodo, lo que hará que se exprese de manera adecuada.

El diálogo sustancioso no sólo refleja la acción, sino también la personalidad, y en la medida de lo posible, la actitud del personaje. Por ejemplo, si el personaje está furioso y usa una mala palabra para expresarlo, no será necesario darle al actor ninguna indicación, ya que la palabra usada dará a entender su cólera.

>
> GÉRARD
> (furioso)
> ¡Mierda!

Por el contrario, si Gérard expresa su furia con otro tono, habrá que indicarle al actor el tono que tiene que usar: (suave) (indiferente) (divertido), ya que traduce un aspecto diferente de la personalidad del personaje.

Algunos pensaran que en ello reside el trabajo del realizador. Otros afirmarán que si el guionista quiere imponer su punto de vista, deberá hacerlo hasta en las más mínimas indicaciones escénicas y de actuación. Ahora bien, esta exigencia no puede sino perjudicar al relato fílmico. Por un lado compromete la fluidez de la lectura, por el otro, distrae al actor del argumento, o incluso lo aleja totalmente del proyecto.

Se recomienda, pues, una compaginación estudiada en función de la lectura del actor.

El espectador

Aunque éste no lea nunca el guión, está escrito también para el espectador. Por tanto, el guionista no deberá perder de vista el hecho de que mantiene con el espectador una relación cualitativamente distinta a la que mantiene con los lectores. Estas diferencias son tanto técnicas como propias de la dramaturgia.

En el plano técnico, la dicotomía entre el lector y el espectador es fácilmente comprensible, puesto que el lector estará guiado por los encabezamientos de cada escena y éstos no aparecerán en la pantalla. Sus efectos no serán pues ni enunciados ni anticipados. Es el caso de la palabra FLASH-BACK (vuelta atrás) que, aunque esté escrita en el guión, no aparecerá en la pantalla. De hecho, esa palabra está dirigida directamente al lector que, al no tener la imagen inmediata que lo ayuda a ubicarse en el tiempo, la necesitará por escrito para comprender de inmediato que se trata de una vuelta atrás. La inclusión de dicha palabra en el guión permite a su vez una percepción de los hechos equivalente, o casi equivalente, a la del material fílmico.

En el plano de la dramaturgia, muchas veces será imposible obtener la misma reacción en el lector que en el espectador. La noción de suspense, por ejemplo, a menudo se dirige al lector, ya que el texto le aporta información que el espectador tendrá sólo más tarde. El FLASH-BACK del guión es un ejemplo que le informa de manera rápida al lector sobre el lugar y el momento en el que se encuentra. El de la película no realiza forzosamente la misma operación, ya que según la intención y la voluntad del realizador, la revelación del FLASH-BACK puede extenderse en el tiempo hasta volverse un elemento narrativo, cuyo uso es a veces muy elaborado. En *The go between* [Arg.: *El mensajero* (1970)], Joseph Losey hace aparecer doce veces a un hombre mayor con un impermeable gris. Estas apariciones, muy breves, puntúan regularmente la película, sin que el personaje tome parte en ningún momento en el resto del argumento. El espectador suele interpretar dichas apariciones como FLASH-BACK. Sólo en la última aparición se da cuenta de que ese hombre es el protagonista de la historia, el joven mensajero que da título al filme, y que toda la trama no es sino una VUELTA ATRÁS, desde el punto de vista de ese hombre, y que sólo esas breves apariciones pertenecen al presente. En efecto, el hombre mayor avanza lentamente hacia la casa donde se desenvuelve la historia de su juventud.

El guionista

Ya hemos dicho en reiteradas ocasiones que la compaginación del guión interpela constantemente al guionista y le impone una vigilancia técnica y dramática. Examinemos la relación que el siguiente encabezamiento[10] entabla con el conjunto de sus lectores, y en especial con el guionista.
Ejemplo:
INTERIOR – APARTAMENTO DE JEAN – NOCHE

Las tres palabras de este encabezamiento conforman una *indicación de lugar* general, con una forma estandarizada, que varía en su enunciación (podría ser: EXTERIOR – LA PISCINA – MAÑANA) y que se coloca sistemáticamente al comienzo de cada escena y en ese orden.

1- El término INTERIOR es una indicación de lugar que se escribe siempre antes, como opuesto al término EXTERIOR. Está dirigido al lector, que puede así situarse de manera precisa en la acción.

   Esta indicación permite también que el equipo técnico conozca de antemano todas las escenas que deben rodarse en INTERIOR, lo que facilita la planificación de las secuencias

---

[10] En inglés, estos tres términos juntos llevan el nombre de *slugline*. La palabra 'encabezamiento' es sólo una aproximación arbitraria pero práctica.

para el rodaje. Un uso adecuado de este término facilita también la tarea del director de fotografía que podrá así saber qué escenas exigen una iluminación diferente de las escenas rodadas en EXTERIOR, y de esta manera podrá elaborar la iluminación que conviene a cada escena rodada en INTERIOR.

Esta indicación le señala de manera constante al guionista, en aras de la progresión dramática, que no es una mala estrategia alternar, siempre que se pueda, escenas de INTERIOR y de EXTERIOR según el tema, la ambientación y la estructura de la película; sin embargo dicha alternancia no constituye una obligación. Más allá de la progresión dramática, el hecho de rodar esta escena particular en INTERIOR, ¿corresponde bien al argumento, al personaje o al tema? Por ejemplo, en la versión de Laurence Olivier, el largo parlamento de *Hamlet* (1952) se rodó en EXTERIOR, en las murallas del castillo de Elseneur. El guionista, o más bien el adaptador/guionista en este caso, tomó una decisión que parece corresponder al Hamlet sumamente activo, aunque oscuro y neurótico, encarnado por Laurence Olivier.

2- El término APARTAMENTO DE JEAN es también una *indicación de lugar*, en este caso mucho más precisa que la anterior y que aparece en segunda posición. Está dirigida tanto al lector como al equipo técnico encargado del desglose en escenas. En la medida de lo posible, todas las escenas que transcurren en el APARTAMENTO DE JEAN se rodarán consecutivamente, lo que permite un gran ahorro de tiempo durante la filmación.

Esta indicación interesará también al guionista que, al elegir el lugar exacto en el que se desarrollará la escena, prestará atención a la adaptación del lugar y del protagonista, así como también a su significación temática y dramática. En efecto, la elección del lugar es de capital importancia, ya que puede sostener el argumento, la ambientación, el tema y/o la personalidad del protagonista. Por ejemplo, en el cine norteamericano, el *western* transformó ciertos lugares en arquetipos y basta nombrarlos para que cualquier otro tipo de descripción resulte superflua: LA PRADERA, MONUMENT VALLEY, LA CALLE PRINCIPAL de una pequeña ciudad del Oeste, EL DESIERTO, EL SALOON, LA ESTACIÓN. Otros sitios como LA CASA ENCANTADA, EL PUESTO DE POLICÍA O EL INTERIOR DE UN COCHE expresan el momento aún mejor que un renglón de diálogo.

3- El término NOCHE constituye una *indicación de tiempo* precisa y aparece siempre en tercer lugar. Se usan también palabras como ALBA, ÚLTIMA HORA DE LA TARDE, MAÑANA, PRIMERA HORA DE LA TARDE o incluso ATARDECER. El director de fotografía rodará consecutivamente todas las escenas de ATARDECER, suponiendo que haya varias, y pondrá a punto la iluminación adecuada. Pero pongamos por caso que haya sólo una escena de ATARDECER. Es de esperar que logre encontrar la atmósfera de atardecer que necesita, lo que no es para nada obvio, o que pueda reproducir un ATARDECER gracias a una gestión eficiente de su talento y de los recursos con los que cuenta. Sea como fuera, este tipo de indicación merece una reflexión antes de incorporarse definitivamente al texto del guión. Cabe preguntarse, ¿es realmente indispensable para el desarrollo del argumento que la escena se ruede durante un ATARDECER? ¿Existe acaso una razón temática o dramática lo suficientemente fuerte como para justificar el rodaje de una escena difícil desde el punto de vista de la iluminación y además costosa siendo la única en todo el guión?

Una vez más vemos cómo la compaginación hace que el guionista reflexione no sólo acerca de consideraciones de orden dramático, sino también de orden técnico.

Estos pocos ejemplos subrayan y hacen hincapié en *la necesidad de una tipografía específica de la escritura del guión*. Para analizar rigurosamente la compaginación y su importancia, examinaremos algunas páginas de un guión. Pero antes de empezar, es necesario comprender la diferencia entre el plano, la escena y la secuencia.

1.3 El plano, la escena y la secuencia

- El plano está constituido por toda la imagen reproducida en la película, desde que se enciende la cámara hasta que se apaga, es decir, entre el momento en el que el realizador dice 'Acción' y luego 'Corten[11]'. Esta definición subraya claramente por qué el guionista no trabaja con planos sino con escenas.

- La escena está constituida por uno o varios planos que dejan intacta la continuidad temporal y espacial. Los planos pueden ser muchos, como en la elaboradísima escena del avión que sobrevuela el campo en vuelo rasante en *North Bynorthwest*[12] [Arg.: *Con la muerte en los talones*, A. Hitchcock, (1959)], o unitario como en *Rope*, [Arg.: *La soga*, A. Hitchcock, (1948)], en la que el plano es la escena. Algunos dirán que, en *Rope*, el plano es el filme. La escena respeta la unidad temporal y espacial.

- La secuencia es una sucesión de escenas que tienen además una unidad temática o temporal, o espacial. La secuencia es

---

[11] Gardies, André, Bessalel, Jean, *200 mots-clés de la théorie du cinéma*, Cerf, 1995.
[12] *Ibid.*

una unidad de acción fácilmente identificable (la persecución, el *show down*, los reencuentros) compuesta por escenas. La secuencia es ante todo una herramienta analítica. De hecho, si se puede descodificar una secuencia durante la lectura de una película, es mucho más difícil construirla durante la escritura del guión. La secuencia, por tener también una unidad espacial y temporal, a menudo se confunde con una escena larga. De hecho, puede entenderse mejor dentro de la estructura del relato.

1.4 La continuidad dialogada

La continuidad dialogada es la forma contemporánea del guión, que excluye todas las indicaciones de cámara. Éstas quedan reservadas al guión técnico. Como veremos, la continuidad dialogada se divide en escenas, con los encabezamientos de los que hemos hablado antes: (1) EXTERIOR (o INTERIOR) – (2) LUGAR de la acción – (3) DÍA (o NOCHE).

A veces aparecen además indicaciones suplementarias, siempre y cuando se consideren realmente necesarias, como ser una fecha o un sitio.

1.5 El guión técnico o *shooting script*

El guión técnico es una continuidad dialogada a la que se le añaden todas las indicaciones para el rodaje y la puesta en escena. Puede abarcar desde la indicación general de los planos principales hasta los objetivos que se deben usar. En los años 30, todos los guionistas de Hollywood contratados por un estudio tenían que presentar al productor un trabajo completo de guión técnico. Eso suponía que tenían conocimientos cabales de realización, puesta en escena, montaje, equipo técnico, objetivos y fotografía. ¡El realizador se encargaba de los actores y se conformaba con poner en escena, plano por plano, el texto escrito por el guionista! El *shooting script* empezó a desaparecer a finales de los años 50 y hoy en día ya no se practica en Hollywood, dado que la escritura rigurosa y detallada se apoya en el guión literario para sugerir los planos. Volveremos sobre esto más adelante.

2. La compaginación

2.1 Advertencia: ¿cómo construir una forma coherente?

El autor no puede sino recomendar paciencia a sus lectores para lo que sigue, dado que aprender a compaginar no es fácil. En primer lugar, el lector deberá recordar que esta forma de escritura está dirigida a otro lector, consciente de ello y conocedor de este tipo de texto. Por el otro, la compaginación realizada para la presente obra refleja tanto los hábitos profesionales del autor como las convenciones que se suelen usar hoy en día. Sin embargo, pueden aparecer en el guión otros usos y otras convenciones, a veces pasadas de moda. Es fundamental que el lector/guionista *construya una forma que sea, ante todo, coherente.*

El primer ejemplo presenta algunos problemas. De hecho, toda la primera escena con la que empieza la película carece del plano general exterior que por lo general nos coloca en una situación. Dicho plano, llamado plano general o toma de conjunto, está convirtiéndose en algo obligatorio en muchos guiones actuales. Pero su uso no es sino una convención que se puede no respetar, y a menudo hasta sería mejor.

La segunda escena es una escena de un sueño que exige una escritura y una reflexión particulares sobre la naturaleza y la función del lugar.

2.2 La compaginación: primer ejemplo

Dos vidas de perro (1)*

INTERIOR – HABITACIÓN – DÍA (2)
(3)
Las sábanas arrugadas de una cama medio deshecha apenas si alcanzan a cubrir el cuerpo de un HOMBRE (4) que duerme boca arriba. Tiene las manos, arrugadas y pesadas, cruzadas sobre el pecho. Los pies, sorprendentemente bonitos, están fuera de la manta y dejan ver unas uñas demasiado largas.
Junto a la cama, la luz matinal ilumina apenas un florero con anémonas naturales. Tumbado entre las piernas de su amo hay un PERRO (5) que ronca. Es de raza incierta, pequeño, macizo y el pelo rizado seguramente era blanco. Agita sus patas cortas: TONNERRE está cazando.

(6)
EXTERIOR – PRADERA – DÍA – EL SUEÑO DE TONNERRE – (7)
(8)
Estamos (9) en una carrera loca (CÁMARA AL RAS DEL SUELO) (10) al nivel de una hierba densa, verde y fresca. El mundo adquiere proporciones desconocidas hasta entonces. La hierba se ve alta, las flores, aún más, y el camino de tierra que cruzaremos a toda velocidad parece un torrente de barro. Delante de nosotros, aparece el cuarto trasero de un conejo, y desaparece para escaparse de nosotros, dando saltos y atemorizado.
La VOZ DE UN HOMBRE (11) (OFF) (12) se va haciendo perceptible, singular e incomprensible. El conejo se vuelve borroso. Sus saltos son cada vez más lentos. Las PALABRAS (OFF) acaban

---
* Las cifras entre paréntesis remiten a la explicación de la pág. 33.

conformando una breve exhortación, que ya casi podemos entender. El conejo desaparece. (13)

>   Tex
>   (over) (14) (15)
>   ¡Vamos! ¡Vamos! ¡Vamos!

(17)
La hierba se resquebraja, como un espejo que se rompe.

INTERIOR – HABITACIÓN – DÍA

Con el último sobresalto, Tonnerre abre los ojos. La cara septuagenaria y arrugada de TEX, todo sonrisa, está a dos centímetros de él.

>   Tex
>   ¿Y? ¿Lo atrapaste?

Tonnerre, parado en cuatro patas sobre el pecho de su amo, lo mira fijo y luego bosteza. Asqueado por su fétido aliento, Tex se aparta.

RUIDO (OFF) de la puerta de la habitación que se abre.
De inmediato, Tonnerre salta y se esconde debajo de la cama. Tex se arrebuja debajo de las sábanas.

INT – HABITACIÓN – DEBAJO DE LAS SÁBANAS – (18)

Tex, catatónico, se queda acostado y hace como que duerme.

>   La señora Nancy
>   (off) (19)
>   Sé que está despierto, señor Grangin. (20) Ya es la hora.

Tex no se mueve. Cierra más fuerte los ojos, como si anticipara un dolor.

La señora Nancy
(off)
¡Señor Grangin! ¡Tendré que tomar medidas!

Tex cierra los ojos y mueve los labios como si rezara en silencio. Espera.

La señora Nancy
(off)
Muy bien. (Levantando la voz) (21) ¡Gilles!

INTERIOR – HABITACIÓN – DÍA –

Tras un grito, Tex sale de debajo de las mantas con el pelo revuelto.

Tex
No, se lo pido por favor. ¡No me llame Gilles!

MADAME NANCY (22), una enfermera de unos cincuenta años, grande y huesuda, lo mira fríamente. Coloca la aguja en una jeringa.

(23) Desde debajo de la cama Tonnerre contempla los finos tobillos de la enfermera que salen, blancos y rectos, de dos amplios y cómodos zapatos de caminar.

(24) En la cama, la nalga de Tex, azulada por pinchazos anteriores, se expone con angustia.

(25) Tonnerre abre el hocico.

(26) La mano de la señora de Nancy empieza a bajar.

(27) Los dientes de Tonnerre le muerden uno de los tobillos. Se oye un RUIDO DE HUESO quebrado.

Tex, con el muslo aún trémulo, mira a la señora de Nancy que LANZA UN GRITO (OFF) de dolor.
(28)

Fin

2.3 Explicación

(1) El título figura tanto en la página de guarda, con letras mayúsculas, como en la parte superior de la primera página. Se recomienda escribir también en la guarda el nombre del autor y, si éste lo desea, el número de inscripción del registro de propiedad intelectual o cualquier organismo en el que un escritor pueda registrar un manuscrito.

(2) Este encabezamiento, dividido en tres partes: ubicación, lugar, tiempo, aparece siempre al principio de la escena, en mayúsculas y en ese orden. Las indicaciones tienen que ser cortas; y si hace falta aclararlas, se hará en la parte descriptiva que va a continuación.

La primera parte del encabezamiento: INTERIOR, como opuesto a EXTERIOR.

La segunda parte del encabezamiento: HABITACIÓN, es un lugar preciso. Es obvio que los lugares pueden ser muchos y concuerdan con la indicación anterior, ya sea INTERIOR, ya sea EXTERIOR.

La tercera parte del encabezamiento: DÍA es una indicación de momento (y por tanto se opone a NOCHE). De cualquier forma, esta última indicación puede variar de acuerdo con el momento preciso en que se desarrolla la escena: DÍA, ALBA, ÚLTIMA HORA DE LA TARDE, MAÑANA, PRIMERA HORA DE LA TARDE, etcétera.

(3) Se suele dejar un renglón en blanco entre la indicación del comienzo de la escena y la descripción.

(4) La primera vez que un personaje aparece en la pantalla, el nombre debe escribirse en mayúsculas. Luego, el nombre se escribe en minúsculas. Hay diferentes maneras de dar a conocer lo antes posible el nombre del personaje. En el presente caso, la manera más directa sería la de llamar por su nombre, es decir, Tex, al hombre que está durmiendo. Sin embargo, puesto que en esta escena Tex no es más que un hombre que duerme, no resulta necesario personalizarlo de inmediato; sólo se hará en la segunda escena, que es cuando entra realmente en acción.
Por otra parte, no es aconsejable que los personajes se llamen unos a otros por su nombre sólo para que el espectador sepa quiénes son.

(5) ¿Por qué PERRO en mayúsculas? Porque Tonnerre es un personaje, al igual que Tex o la Señora Nancy.

(6) Se suelen dejar dos renglones en blanco entre el final de la descripción y el encabezamiento en mayúsculas que abre la escena siguiente. Los demás espacios serán simples.

(7) Este título habría podido enunciarse de otro modo. Por ejemplo:

EXTERIOR — PRADERA — DÍA —

TONNERRE POV —

La indicación expresada de esta manera nos ubica en el punto de vista de Tonnerre. Lo que implica que esta escena está rodada completamente con cámara subjetiva, desde el punto de vista de Tonnerre. POV (*point of view*) es una fórmula anglosajona que se suele usar en los guiones franceses y que disputa su predominio con PDV (punto de vista), muy transparente, por otra parte. El anuncio PDV se coloca por lo general debajo de la indicación precedente:

EXTERIOR — PRADERA — DÍA —

PUNTO DE VISTA DE TONNERRE O TONNERRE POV, o también TONNERRE PDV

(8) Sólo un espacio.

(9) La manera de escribir la escena anterior influye en ésta. Tal y como nos lo indica el encabezamiento, sabemos que estamos en el sueño de Tonnerre.
Si el título incluyera el punto de vista del perro, ya no sería necesario decir 'nosotros', puesto que la subjetividad de la cámara nos da a entender el punto de vista. Esta decisión dependerá del gusto personal del guionista que deberá cuidar la coherencia formal de su texto.
Además, el uso del 'nosotros' le sugiere al lector que la cámara es subjetiva y que vemos las cosas desde el punto de vista de perro Tonnerre.

(10) Esta indicación de cámara debería eliminarse. *En*

realidad, durante la escritura del guión, deberían eliminarse casi todas las indicaciones de cámara. Como ya hemos visto, en el presente caso, al usar el 'nosotros' o al insistir en el punto de vista de Tonnerre, el texto le indica de manera clara al lector que la cámara es subjetiva y que el punto de vista es el de Tonnerre. Por tanto, no es necesario indicar dónde se encuentra la cámara en el plano.

Algunos pensarán que esta metodología de escritura parecería dejar mucho margen al realizador para adaptar la obra escrita como quiera. Es por eso que el guionista principiante llenará el texto de inútiles indicaciones técnicas, planos, ángulos, objetivos, pensando que de esa manera inscribirá de manera definitiva en el texto su propia visión de la futura película. El autor/realizador también suele llenar el texto con este tipo de indicaciones, corriendo el riesgo de sobrecargar el argumento y los personajes o incluso de hacer que la escritura resulte pesada. Ahora bien, lo que está claro es que más allá del detalle con el que el guionista incorpore a su texto objetivos cortos o largos, contrapicados o panorámicas encadenadas rápidamente, el realizador hará lo que le parezca, sobre todo si considera que el guionista se está metiendo en su terreno. Y muchas veces tiene razón. A nadie se le ocurriría encargar un mueble a un carpintero y elegir los clavos o la calidad de la madera que este debería usar.

No obstante, existe una manera de escribir que puede resultar de gran utilidad para que el guionista sugiera su visión, sin por ello dar la impresión de que se impone. Esta manera de escribir se llama guión literario, y volveremos sobre él más adelante, en la pág 40.

(11) Todos los efectos de RUIDOS o de MÚSICA o cualquier otro efecto sonoro se escriben en MAYÚSCULAS, aunque estén incluidos en el cuerpo del texto.

(12) *OFF* es una abreviación de OFF-SCREEN y significa exactamente *FUERA DE CAMPO*, es decir que la fuente de sonido, ya sea un ruido o un diálogo, forma parte de la escena pero no aparece en la pantalla. Este enunciado, siempre en mayúsculas, deberá aparecer cada vez que se presente la misma circunstancia sonora. Así pues un personaje que habla en OFF o FUERA DE CAMPO no se ve en la pantalla, pero forma parte de la escena.

Es indispensable indicar en la descripción lo que el espectador está viendo en el momento exacto en que escucha al personaje en OFF. En nuestro ejemplo, vemos al conejo.

(13) Se colocará una única interlínea entre el final de una escena descriptiva y el nombre de un personaje, escrito en mayúsculas y centrado en la página.

(14) No habrá interlineado entre el nombre del personaje y la indicación que caracterice su actuación y/o su voz. Esta indicación aparecerá más a la izquierda y siempre entre paréntesis.

(15) OVER, lo contrario de OFF o de FUERA DE CAMPO, indica que la fuente del efecto sonoro no está en la escena, ya sea un ruido o un diálogo. Partiendo de la idea de que Tex no forma parte del sueño de Tonnerre, es legítimo pensar que Tex no está en la escena de la pantalla. Su voz, que proviene de un espacio que no es el estrictamente escénico, hace referencia a una convención de escritura que traduce su función con la palabra OVER.

Tenemos que analizar algunos términos de localización de los sonidos que se suelen usar en la profesión. Dichos términos están tanto en inglés como en español, y su uso caótico y poco riguroso genera una gran confusión.

En efecto, la palabra OFF, cuya traducción es FUERA DE CAMPO, es muy exacta, pero a menudo se la usa en la escritura del guión en español no para expresar el FUERA DE CAMPO, sino el FUERA DE ESCENA O OVER, en inglés. ¿Por qué establecer una diferencia entre FUERA DE CAMPO Y OFF SCREEN, si las dos palabras quieren decir, cada una en su idioma, lo mismo?

La palabra OVER es una abreviación de VOICE-OVER (voz por encima), término que en inglés es muy claro en cuanto a la función (se usa cuando el sonido, el diálogo, ruido o música no forman parte de la escena), y que suele usarse en la escritura del guión en español, por lo general con la forma abreviada OVER.

No se trata de establecer aquí de manera prescriptiva un código de expresión estrictamente inglés o español, sino de tratar de armonizar los códigos existentes para una mejor comprensión del guión.

Para resumir: el código de usos ya existente, mezcla inapropiada, torpe e inexacta de español y francés, propone:
- el sonido IN (¿por qué *in*?, es decir, sincrónico, que no debería mencionarse jamás en el texto, pero que se usa en estudios analíticos del relato cinematográfico;
- el sonido FUERA DE CAMPO, cuando la fuente de sonido no es visible en la imagen, pero existe en la escena;
- y el sonido OFF, cuando el sonido emana de una fuente que no está en la escena y que debería ser *over*.

El código anglosajón propone:
- el sonido OFF (OFF-SCREEN), cuando la fuente de sonido no es visible en la imagen, pero existe en la escena;

- el sonido OVER (VOICE-OVER), cuando el sonido emana de una fuente (ruido, diálogo, música) que no está en la escena.

En la presente obra, para ser coherente, aunque más no fuera léxicamente, *usaré la terminología sajona*. Las palabras OFF (OFF-SCREEN = FUERA DE CAMPO) y OVER (VOICE-OVER = VOZ POR ENCIMA) se mencionarán pues de manera corriente en esta obra. De cualquier forma, el guionista podrá también usar los términos análogos en español, FUERA DE CAMPO (OFF), VOIX-JE (OVER).

(16) El diálogo, debajo de la indicación y sin espacio, se coloca un poco a la izquierda, mientras que el nombre del personaje se mantiene centrado.

(17) Hay un interlineado simple entre el diálogo y la descripción.

(18) Aunque la escena se desarrolle en la misma habitación, hay que colocar un nuevo encabezamiento, ya que la cámara estará debajo de las sábanas de Tex, un lugar que tendrá características independientes de la habitación.

(19) La indicación OFF respeta sólo la coherencia interna de la escena. De hecho, no vemos a la señora Nancy, sólo la oímos.

(20) Dentro de un diálogo, los nombres de los personajes no aparecen nunca en mayúsculas.

(21) Se pueden incluir en el cuerpo del diálogo algunas indicaciones cortas. Las que son más largas, deberán

escribirse en la descripción, para no comprometer la fluidez del diálogo.

(22) La escena siguiente, formada por planos cortos que se suceden rápidamente, está escrita para sugerir el guión técnico. Hay que prestar atención a los espacios entre un plano y otro.

(23) Primera etapa del *guión técnico*. No se necesita ninguna indicación de cámara para visualizar a Tonnerre.
Al guionista neófito le costará no recurrir los *travelling* hacia adelante y hacia atrás y otros movimientos de grúas o de *dolly* que considera indispensables para garantizar el equilibrio visual de su relato. Puede que insista para que el héroe esté de perfil en el campo, para que sólo se le vean los pies durante la escena, o incluso que se siga en sincro el cigarrillo que tira por la ventana desde el segundo piso hasta la caída, todo eso bajo una lluvia torrencial. Esto causaría sólo risa si no fuera que la constante preocupación por la cámara no hace más que distraerlo de lo que es realmente importante: la escritura. Sumido en consideraciones de orden técnico, sobre las que no tiene ningún poder, pierde el hilo de la historia, el tema se desvanece, los personajes son huecos, los diálogos, planos y el protagonista, de frente o de perfil, carece de interés.
Ahora bien, si el guionista quiere expresar la manera en la que visualiza la historia en la pantalla, existe —como ya hemos dicho—, una herramienta perfectamente legítima que le permite hacerlo: *el guión literario*.
Éste incluye al guión técnico por la manera en que está redactado, a nivel de la escritura. Esta manera de escribir

le sugerirá al realizador la manera de rodar la escena, sin referirse por ello a los movimientos de cámara, a los objetivos y a las herramientas técnicas. Sin embargo, esta forma de escritura no le garantizará en ningún caso al guionista que la escena se ruede tal y como él la ha visualizado. De todas formas, se puede guiar al realizador de manera inteligente y discreta en sus decisiones, o al menos eso es lo que nos gustaría hacer. El guión literario puede realizarse de dos maneras:

- Con la misma compaginación. Tal y como podemos observar en la última escena de *Dos vidas de perro*, los espacios del texto –el interlineado entre cada uno de los planos – sugiere una sucesión de planos fijos, que se alternan entre un plano desde la cama, que incluye a Tex, la enfermera y la jeringa, y otro plano desde debajo de la cama, que incluye a Tonnerre y los tobillos de la señora Nancy. Existe también en esta escena una relación lúdica entre la jeringa y los dientes de Tonnerre, que el realizador se encargará de resaltar.
- A nivel de la escritura propiamente dicha y más allá de la compaginación, es posible sugerir el uso de objetivos. Si vemos entrar a Nadine en un aula llena de gente y en el renglón siguiente se alude al color de sus ojos, el lector sentirá el acercamiento de la cámara. Es más delicado determinar la naturaleza del acercamiento, dado que el realizador, siempre y cuando quiera respetar esta puesta en escena, deberá elegir entre un corte directo, un zoom o todo un arsenal de instrumentos técnicos que el guionista no podrá tener presentes de manera permanente.

(24) Esta indicación *sugiere* un plano de conjunto o un plano corto, al igual que en (25), (26) y (27).

(28) Toda esta escena propone cambios de los lugares interiores. Pasamos de debajo de la cama a la habitación, que no se ve nunca en su totalidad. Por tanto, no es necesario crear una escena diferente INTERIOR- DEBAJO DE LA CAMA - en alternancia con INTERIOR - TEX, puesto que se respeta la unidad de lugar general.

Incluimos un segundo ejemplo para que el lector pueda familiarizarse más con la compaginación. Los términos usados y las situaciones ya las hemos especificado en el ejemplo anterior, y en consecuencia no volveremos a hacerlo.

2.4 Segundo ejemplo de compaginación

Encuentro

EXTERIOR – ANDÉN DE LA ESTACIÓN DE AUSTERLITZ[13] – DÍA

La muchedumbre se abre paso alrededor de BÉNÉDICTE que, inmóvil en el andén, representa un obstáculo para todos. Esta mujer de unos 40 años, de mediana estatura, de rostro serio pero sereno, tiene un estilo deportivo. Lleva un par de jeans, un pulóver y un impermeable trench negro que ondea bajo la lluvia. Cada tanto, la valija o el codo de un pasajero apurado la golpea, pero ella permanece indiferente. Con una ligera sonrisa en los labios, tiene la mirada fija en el nombre del tren que va a tomar: el CAPITOLE (1)

---

[13] La "gare d'Austerlitz" es una de las estaciones de ferrocarril de París (N. de la T.).

El tren se pone en marcha. (2)

Bénédicte recoge una pequeña bolsa de viaje y salta sobre el estribo. (2)

INTERIOR – TREN – PASILLO

Bénédicte cruza todos los vagones del Capitole.
Los pasajeros, ya instalados en sus asientos, le echan una ojeada desinteresada y vuelven a sus ocupaciones.
Bénédicte llega a la sección de los compartimentos. Tras un suspiro de satisfacción y después de haber comprobado su reserva, entra en la primera clase, vacía, se instala rápidamente, se sienta junto a la ventanilla y se pone a mirar la lluvia que repiquetea en las ventanillas.
Cierra los ojos. (3)

INT (4) – COMPARTIMENTO – MÁS TARDE – (5)

Ha dejado de llover (6). Con la cabeza apoyada contra la ventanilla, Bénédicte duerme.

INT – COMPARTIMENTO – MÁS TARDE – (5)

Mientras dormía, en el compartimento han entrado (6) otros tres PASAJEROS: una MUJER, vestida de manera convencional y burguesa. Es alta, delgada, de unos 40 años, lleva joyas discretas. Sus rasgos son duros, pero dejan entrever el recuerdo de una juventud divertida. Parece triste y pensativa. El segundo personaje es un JOVEN de unos 25 años, encantado de estar en primera clase, como si no formara parte de sus costumbres y una NIÑA de 12 años, sola, seria, impenetrable, que lleva un uniforme azul marino.

El tren empieza a frenar repentinamente y entra en una estación. El movimiento despierta a Bénédicte. Mira rápidamente a su alrededor y se gira hacia la ventanilla, cuando de pronto le llama la atención la otra pasajera que, con los ojos cerrados, está durmiendo. Bénédicte mira a la mujer que duerme fijamente y poco a poco la va reconociendo. Sorprendida y emocionada, se lleva las manos a la cara.

> BÉNÉDICTE
> (apenas audible)
> Oh my God!

Se recuesta contra el asiento y mira a la pasajera.

FLASH-BACK (7)

EXT – UN RÍO – DÍA –

DEBAJO DEL AGUA – (8)

La luz que hay en la superficie del agua nos (9) atrae. Nadamos lentamente hacia ella y emergemos para ver a la pasajera sentada, con las rodillas en el pecho, en una de las rocas del río. Su cara de 13 años, iluminada por una sonrisa burlona, está deformada por el agua. Tiende una mano hacia nosotros. Mueve los labios, pronuncia palabras que no logramos oír.

Otra mano, mojada y crispada, surge del agua y no llega a aferrar la mano de la pasajera que la extiende hacia ella. (10)

Bénédicte, de 14 años, vuelve a caer en el agua y, enredada en su ropa de gimnasia, da unos cuentos manotazos. El agua es agradable y tibia. Bénédicte deja de forcejear y se permite flotar.

Con el sol en la cara, mira con adoración el rostro joven de la pasajera. Ésta tiene el pelo rubio y rizado que forma una especie de halo alrededor de la cabeza.

SONIDO ABRUPTO (OFF) de voces de muchachitas, cargadas de excitación, que ríen y arman jaleo al hablar.

> MUJER
> (off – voz autoritaria)
> ¡Bénédicte! ¡Bénédicte Aviel!
> ¡Salga inmediatamente del agua!

La pasajera gira la cabeza hacia la voz.

> MUJER
> (off – voz autoritaria)
> ¡A ver Ud., Aude! ¡Ayúdela!

Aude gira la cabeza y mira a la presunta ahogada con aire de cansancio y aburrimiento.

Al ver la expresión de indiferencia de su amiga, Bénédicte deja de sonreír.

> PASAJERA
> (voz adulta over) (11)
> ¿Bénédicte?

VUELTA AL PRESENTE – (12)

Int – compartimento – noche

La pasajera Aude, mira fijamente a Bénédicte.

>Aude
>¿Bénédicte?

Bénédicte abre los ojos y le sonríe.

>Aude
>¿Qué tal? ¡Es increíble! ¿Eres tú? ¿De verdad?

>Bénédicte
>(riendo) (13)
>¡Claro que soy yo!

Aude la mira, consternada. Bénédicte habla con un ligero acento inglés. (14) Aude, que se ha quedado sin palabras, mira a su alrededor como pidiendo socorro.
El joven y la niña miran a las dos mujeres.

>Aude
>¡Habrán pasado al menos 20 años!

>Bénédicte
>Yo diría, 30. No has cambiado nada. Te podría haber reconocido en cualquier parte.

>Aude
>¡Yo no podría decir lo mismo! (se entusiasma).
>Será por tu acento. Me parece tan raro.

BÉNÉDICTE
Es que no he tenido muchas oportunidades de hablar en francés en los últimos años. (Pausa) ¿Cómo estás?

AUDE
Bien, bastante bien, diría.

Bénédicte sonríe y baja la cabeza.

Las dos mujeres se miran en silencio, sin saber qué decir. A la par, dejan escapar una risita, de incomodidad y felicidad a la vez.

AUDE
¿De dónde has sacado ese acento?

BÉNÉDICTE
De Estados Unidos.

AUDE
¿De Estados Unidos?

La niña de uniforme recibe la noticia conteniendo el aliento. Con la boca abierta y los ojos que se le salen de las órbitas, mira a la mujer norteamericana.

EXTERIOR – EL OESTE NORTEAMERICANO – ATARDECER – (STOCK)
(15) (16)
Una fantástica cabalgata muda nos lleva hasta los picos y rocas de Monument Valley, caros a John Ford. No se ve ni al caballo ni al jinete. El cielo se ha teñido de color rojo.

INTERIOR — COMPARTIMENTO — DÍA

Las dos mujeres miran a la niña del uniforme.

          BÉNÉDICTE
          (a la niña)
      ¡Respira! ¡Vamos, respira!

La niña exhala el viento salvaje del Oeste y cierra la boca.

          Fin

2.5 Explicación

(1) El guionista usa aquí un guión literario discreto y ligero. En efecto, la escritura sugiere un plano general de la muchedumbre, plano que se dirige a los ojos de Bénédicte, que mira el nombre del tren. Todo ello de manera muy fluida. Sin embargo, el guionista no entra en detalles; sólo sugiere.

(2) El interlineado subraya un nuevo plano, aunque en realidad, más allá de la comodidad y del ritmo de lectura, el guionista no puede estar seguro de que el realizador no haga un único plano largo, con el objetivo adecuado, o use un *travelling*, o bien una sucesión de campos y contracampos.

(3) La escritura respira y sugiere una sucesión de planos bastante cortos, que le aseguran al lector una rápida comprensión y buena visualización de la acción.

(4) INTERIOR se suele escribir INT.

(5) Puesto que la acción no ha cambiado de lugar, ¿es acaso

necesario escribir MÁS TARDE? Sí, ya que el lector tiene que saber, antes de leer la continuación, lo que el espectador verá inmediatamente en la imagen, es decir, una *elipsis temporal*.

(6) El pretérito perfecto ayuda a hacer evidente la elipsis temporal. Aparte de unos pocos ejemplos, como el que acabamos de ver, los guiones se escriben por lo general en presente.

(7) FLASH-BACK: procedimiento narrativo por el que el relato, rompiendo con el orden cronológico, se transporta al pasado para contar hechos anteriores[14]. Se traduce como VUELTA ATRÁS. EL FLASH-BACK es una indicación que se dirige en primer lugar al lector para que sepa en qué espacio-tiempo se encuentra exactamente. En cambio el espectador lo sabrá sin que se lo digan expresamente. La imagen se lo mostrará y entenderá que se trata de una VUELTA ATRÁS de acuerdo con la voluntad y el talento del realizador. En el caso de nuestra película, el FLASH-BACK nos transporta 25 o 30 años atrás, cuando ambas protagonistas tienen unos 13 años. Hay que tener en cuenta que el espectador captará realmente lo que pasa al descubrir la cara de Bénédicte joven. Otra opción para dejar claro que se trata de una VUELTA ATRÁS habría sido la de poner en la pantalla el año en el que se desarrolla la acción: EXT –RÍO –DÍA – VERANO DE 1965. Una solución, en definitiva, que raya la evidencia y un poco fácil para el espectador, en el presente caso.

(8) Sirve sólo para que todo esté claro...

(9) ...ya que el uso del 'nosotros' indica que hay cámara

---

[14] Nacache, Jacqueline: *Le cinéma hollywoodien classique*, Nathan Université, col. "128", París, 1995. Véase especialmente el capítulo que trata del flash-back.

subjetiva. Es cierto que en ese momento no sabemos desde qué PUNTO DE VISTA se ve. Es por ello quizá que el guionista decidió indicar desde el primer momento la localización exacta de la cámara.

(10) El interlineado y la escritura indican claramente que la cámara ha vuelto a ser objetiva.

(11) Puesto que la voz adulta de la pasajera no está incluida en esta escena que ocurre 30 años antes, es importante calificarla como Over. La voz de Aude penetra de algún modo en el pasado tal y como lo recuerda Bénédicte y nos vuelve a traer al presente.

(12) Esta indicación se escribe siempre para marcar el final del FLASH-BACK.

(13) La indicación que se da al actor se coloca siempre entre paréntesis, corrida cinco espacios hacia la izquierda. Hay que resaltar que esta indicación es necesaria, dado que el diálogo no es suficiente en este caso.

(14) La sorpresa de Aude está bien expresada, pero de hecho, como el espectador ya ha oído el acento de Bénédicte mucho antes de esta frase, esta indicación habría que haberla puesto antes, ya sea en la parte descriptiva, ya sea debajo de las primeras palabras de Bénédicte (acento inglés).

(15) Dado que aquí no se trata ni de un FLASH-BACK, ni de un FLASH-FORWARD, "salto temporal hacia el futuro[15]", sino

---

[15] Roy, Jean: *Citizen Kane*, Nathan Université, col. "Synopsis", 1989.

de la imaginación de la niña, su punto de vista está tratado como un cambio de lugar. Además, el contexto de la escena siguiente es lo suficientemente claro como para aclarar este punto de vista.

(16) Expresión que se suele usar para expresarle al lector y al realizador, pero sobre todo al productor, que esta escena —muy costosa por otra parte— se comprará tal cual y no se rodará.

Ahora, una vez que hemos expuesto los principios de la compaginación, es hora de que nos aboquemos a la dramaturgia.

Capítulo 2
El argumento

> *La intención es el contenido.*
> Edward James Olmos, actor

1. De la idea al asunto

1.1 La tradición de la narración

¿De dónde proviene la idea? Por más absurdo que parezca, el guionista suele ser indiferente al origen de las ideas, dado que prima más el hecho de tenerlas, aunque sólo sea una. Más tarde, serán los críticos y los estudiosos quienes desentrañarán, del derecho y del revés, los entresijos de su obra. La idea, deudora de la riqueza imaginativa del guionista, del poder y de la variedad de fuentes de inspiración, surge de lo mental de una manera que, sea cual fuere el método de expresión que la materializa, constituye un misterio. Ahora bien, si bien parece difícil dictar leyes en materia de imaginación, las fuentes de inspiración pueden someterse a análisis, o por lo menos a un proceso de identificación. Y de esto debería preocuparse el guionista, porque sus fuentes de inspiración, ya sea él consciente o inconsciente, sientan sus bases en una serie de parámetros universales, en el mismo centro de la experiencia humana, y se materializan en la tradición.

La tradición es la larga historia de lo 'contado', formado por el contenido de la fábula en el momento de su narración. Ese contenido es tributario de nuestra experiencia cultural y se fue conformando a lo largo de los siglos en torno de elementos narrativos variados, tenaces y recurrentes. De esos elementos surgieron los mitos, los arquetipos y las estructuras narrativas específicas, sometidas a la influencia de diferentes contextos sociales, políticos y económicos. Los géneros, como ser el *western*, el melodrama, el policial, la comedia musical, suministran esquemas que hoy en día son parte integrante de la tradición narrativa. El guionista, así como cualquier otro narrador, al inspirarse en esa tradición, aumenta la resonancia y la pertinencia que se instalan entre el narrador y el que escucha, su público.

Además, el estudio de la tradición aportará al guionista varias nociones, fundadoras y funcionales a la vez:
- Será consciente de la naturaleza de la influencia a la que ha estado sometida su propia inspiración, y por ello comprenderá de manera más profunda la naturaleza del tema que le interesa.
- El conocimiento de los motivos tradicionales le permitirá dominar y gestionar sus influencias.
- Será capaz de articular las etapas que le permitirán establecer una progresión del tema al argumento y, por tanto, a la historia.

1.2 El mito: elemento fundador de la tradición

Joseph Campbell fue uno de los primeros en comprender el poder que ejercen los mitos ancestrales en las fábulas modernas. Por ejemplo, el modelo del héroe mono-mítico que él define en *Le Héros aux mille visages*[16] se encuentra en todas las culturas

---

[16] Campbell, Joseph: *The Hero with a Thousand Faces*, Princeton University

de todas las épocas. Su expresión está diversificada al infinito, pero su estructura se basa en elementos invariables. Según Campbell, el tema del viaje iniciático del héroe es universal y atemporal: llamado o exilado fuera de su clan, de su nación, de su familia, el héroe erra en busca del conocimiento que le permitirá volver a su comunidad tras múltiples sufrimientos y victoriosos combates. Como subraya Campbell, en los relatos míticos el héroe es a menudo el hijo desconocido de un rey viejo y cansado.

Mucho antes de Campbell, el antropólogo inglés James Frazer[17] intentó demostrar en *Le Rameau d'Or* cómo en las comunidades primitivas el mito estaba relacionado con los ritos de la fertilidad y del cambio de las estaciones. Según Frazer, el regreso de la primavera, que garantiza cada año la cosecha y la supervivencia de la comunidad, es paralelo a la historia del joven héroe que se aleja, crece y vuelve en la flor de la edad para suplantar a su padre, ya anciano y estéril. Su regreso materializa la profunda esperanza que tiene la comunidad en su propio destino. Esta fábula fundadora tiene un parecido sorprendente con nuestros mitos más famosos, de los que citaremos sólo el de Jesús y el de Buda.

En 1993, Christopher Vogler publicó un libro, inédito en Francia hasta el día de hoy, que se llama *El viaje del escritor: estructuras míticas para "story-tellers*[18]*" y guionistas*[19]. Vogler realizó una relectura de *L'homme aux mille visages* y analizó las etapas del viaje del héroe en función de la escritura actual del guión. Si bien puede dar la impresión de un itinerario didáctico, el resultado es fascinante, porque es sumamente útil para la elaboración del guión

---

Press, 1968; *Les héros sont éternels*, Seghers, París, 1987.
[17] Frazer, James Gorge sir (1854-1941), *The Golden Bough*, Mac Millan, 1900. Trad. Al francés, *Le Rameau d'Or*, Laffont, París, 1980.
[18] Literalmente: el que cruenta historias (traducción del autor).
[19] Vogler, Christopher: *The Writer's Journey*, Michael Wiese, 1992.

clásico occidental. De hecho, las sucesivas etapas por las que atraviesa el héroe vogleriano explicitan la construcción de un argumento fuerte, fundado en el conflicto, el combate, para culminar en la victoria[20].

Las doce etapas que siguen suelen repartirse en tres actos, constituyendo así la estructura ternaria, elemento fundador de la dramaturgia de la retórica actual. Volveremos sobre ella más adelante.

1- Mundo corriente
2- Llamada a la aventura, fuera del hogar
3- Rechazo de dicha llamada
4- Encuentro con el amigo, el mentor, el guía
5- Superación del primer umbral
6- Encuentro con los aliados o enemigos
7- Inmersión en el país extranjero
8- Prueba suprema
9- Recompensa
10- En el camino de vuelta
11- Resurrección y comprensión
12- Regreso al hogar

No todas las tramas respetan de manera estricta esta estructura, con las doce etapas. En algunos casos se saltean etapas o se transforman de acuerdo con las necesidades puntuales del argumento o del personaje. De cualquier forma, por lo general el relato narrativo, sobre todo el contemporáneo, se inscribe en la misma temática.

Más allá de algunos argumentos cuyos temas remiten clara y

---

[20] Podrían haberse usado otras lecturas como las realizadas por A. J. Greimas en *Sobre el sentido* (Madrid, Gredos, 1989), o por V. Propp en *Las raíces históricas del cuento* (Madrid, Fundamentos, 1974).

El argumento

directamente al mito del viaje del héroe (*The hidden fortress* [esp. *La fortaleza escondida,* 1958] de Akira Kurosawa, *Starwars: a new hope,* [Arg.: *La guerra de las galaxias,* 1977] de Georges Lucas o *Fisher King* [Arg.: *El príncipe de las mareas.* Esp.: *El rey pescador,* 1991] de Terry Gilliam, película en la que el guionista Richard LaGravenese recurre al arquetipo del Rey pescador), es fácil comprobar que la mayoría de las películas actuales reflejan con mayor o menor exactitud el mito del viaje del héroe enunciado por Campbell. Los filmes *Dances with wolves* [Arg.: *Danza con lobos.* Esp.: *Danzando con lobos* (1994)], *La haine* [Arg.: *El odio* (1995)], *Twelve Monkeys* [Arg.: *Doce Monos* (1995)], *Les Apprentis* [Arg.: *Los aprendices* (1995)], *Mighty Aphrodite* [Arg.: *Poderosa Afrodita* (1996)], *Rosine* (1994) y *Les Visiteurs* [Esp.: *Los locos visitantes* (1992)] aun siendo productos de culturas y de medios socioeconómicos muy diferentes, constituyen buenos ejemplos del mito, sean sus autores conscientes o no.

Examinemos la estructura mítica de *Dances with wolves* [Arg.: *Danza con lobos.* Esp.: *Danzando con lobos* (1994)].

1- Mundo corriente: el guionista Michael Blake sitúa a su héroe, el lugarteniente John J. Dunbar, en un mundo sometido a la guerra y la destrucción, un mundo caótico, metáfora del mundo occidental de los blancos. Ese mundo insoportable lleva al héroe a un intento de suicidio y luego, a huir.

2- Llamada a la aventura: Dunbar pide irse a un sitio puro, mítico, 'the frontier': la frontera, antes de que desaparezca.

3- Rechazo de la llamada: la frontera revela rápidamente el horror, en múltiples aspectos. El mayor Farmbrough, jefe del último puesto antes de la frontera, se pega un tiro en la cabeza tras haberle deseado buen viaje al lugarteniente. Simmons, su guía hacia Fort Sedgewick, individuo apático y sucio para quien 'un buen indio es un indio muerto', evoca de alguna manera el mundo occidental. Sólo después de la limpieza del río, contaminado por los soldados, y de la desaparición de Simmons (muerto a manos de los indios) el lugarteniente podrá renacer en la serenidad y la belleza del estado salvaje. El guionista incluyó en este punto un momento de pausa durante el que Dunbar se encuentra en una soledad total y es objeto de una suerte de purificación, de catarsis.

4- Encuentro con el amigo, el mentor, el guía: el primer encuentro que tendrá Dunbar será el de Two Socks, el lobo solitario que amaestrará en Fort Sedgewick, abandonado, donde vive solo con su caballo Cisko. Además, será precisamente Two Socks quien más tarde le advertirá de la presencia extranjera del Sioux Kicking Bird. Éste, al ver al hombre blanco desnudo, salta sobre su caballo y huye.

5- Superación del primer umbral: Dunbar les entrega a los Sioux a Stands with a Fist, la hija adoptiva de Kicking Bird, que trató de suicidarse tras la muerte de su marido.

6- Encuentro con los aliados o con los enemigos: este encuentro tiene lugar cuando Dunbar se precipita en el campamento indio para llevarles la buena nueva: la llegada de los bisontes. La secuencia termina con el descubrimiento de la masacre: cientos de bisontes muertos sólo para aprovechar su piel. Dunbar comprende y sufre el horror de la masacre.

7- Inmersión en el país extranjero: Dunbar penetra en plena civilización indígena con ocasión de la caza de bisontes. Cuando ésta acaba, el lugarteniente come el hígado del animal, crudo y aún caliente. La secuencia es larga y rica de acontecimientos. Dunbar aprende a hablar sioux, profundiza su amistad con Kicking Bird y Wind in his Hair; habla sobre la llegada del hombre blanco, que el viejo

El argumento

cacique está seguro de derrotar, al igual que sus ancestros derrotaron a los españoles que llegaron del sur. La secuencia termina con la transformación de Dunbar en Dances with Wolves (Danzando con lobos).

8- Prueba suprema: tras saber que una banda de Pawnees está a punto de atacarlos, los sioux deciden preparar su propio ataque. Kicking Bird le pide a DWW (Dances with Wolves) que se ocupe del campamento y de su hija. La joven y el lugarteniente se quedan solos algunos días. DWW vuelve a Fort Sedgewick y escribe en su diario: "Amo a Stands with a Fist" y firma con su nombre indígena. La secuencia termina con el ataque del campamento sioux por parte de los Pawnees y la defensa eficaz llevada a cabo por Dances with Wolves en lo que será su primera batalla indígena: "ésta no era una guerra para conquistar territorios, riquezas o para liberar a hombres. Esta guerra existía sólo para salvaguardar la comida para el invierno, para proteger a las mujeres y a los niños. Me sentí orgulloso... No sabía quién era John Dunbar, pero cuando oí mi nombre sioux resonar por todas partes supe quién era yo".

9- Recompensa: DWW se casa con Stands with a Fist. Su aculturación ha terminado.

10- En el camino de vuelta: esta etapa, a pesar de resultar cruel e irónica apenas si se aleja del esquema de Campbell. De hecho, si DWW toma el camino de regreso hacia el fuerte no es para presentarle sus nuevos amigos a los suyos, sino para recuperar su diario, instrumento muy peligroso si cae en manos de los militares blancos. Se lo castigará dos veces: lo hacen prisionero y lo juzgan por traidor. Two Socks y Cisko, símbolos míticos del estado salvaje y de la civilización, morirán también.

11- Resurrección y comprensión: DWW, a punto de perecer

a manos de los de su raza, será salvado por los sioux y se marchará con ellos hacia territorios más alejados.

12- Regreso al hogar: DWW está de vuelta entre los indígenas. Pero para evitar que sus vidas corran peligro, DWW los abandona, llevándose con él a su mujer embarazada. Por el cartel que aparece al final, sabemos que los sioux sobrevivieron poco más de 11 años antes de que los derrotaran los blancos.

1.3 Otros elementos fundadores de la tradición

Además de los mitos, la tradición está constituida por otros elementos entre los que cabe destacar los arquetipos, los acontecimientos sociopolíticos y la censura.

Los *arquetipos* son personajes o símbolos recurrentes que aparecen en los mitos de manera sumamente constante a través de los tiempos y las culturas. Carl G. Jung define el arquetipo como antiguo motivo de la personalidad, motivo que forma parte de la herencia de la especie humana y que se funda en el inconsciente colectivo. El arquetipo, a menudo encarnado en un personaje, hizo su aparición en el mundo del cine desde que éste se alejó de la representación meramente documental para contar una trama. Los cuentos están llenos de arquetipos. El lobo, la abuelita, la madrastra, el cazador, el hada madrina, la bruja, el príncipe, la princesa, etc. Son personajes recurrentes en el argumento, y el hecho de comprender la función que tienen, facilita la progresión del mismo. Vogler clasificó los arquetipos en siete grandes categorías: el héroe, el mentor (hombre o mujer sabios), el guardián del umbral que hay que franquear, el heraldo, el hombre enmascarado, el doble y el *'trickster'*[21].

---

[21] 'Trickster', de difícil traducción, es a la vez un estafador, un ladrón y un tramposo que engaña a su cliente.

Los *acontecimientos sociopolíticos* han influido tradicionalmente en los temas de las películas. *Man hunt* [Esp.: *El hombre atrapado* (1941)] es una película que se inspira en la lucha antinazi y el temor a la dictadura de Hitler. *La Grande Illusion* [Arg.: *La gran ilusión* (1937)] remite al pacifismo y vuelve por tanto su mensaje, universal. *Paths of glory* [Arg.: *Senderos de gloria* (1957)] es una acusación contra las prácticas militares de la Gran Guerra. Más recientemente, *In the name of the father* [Arg.: *En el nombre del padre* (1993)] insiste para que la justicia haga lo que tiene que hacer, aunque se enfrenta a la misma institución, y *La haine* [Arg.: *El odio* (1995)], *États des Lieux* (1994), *Bye Bye* (1995), *Pigalle* (1994) o *Rosine* (1994) ponen sobre el tapete numerosos problemas sociales actuales como la desocupación, la búsqueda de un techo o incluso, la soledad. La comedia tampoco se queda atrás, tal y como lo demuestra *Les Apprentis* [Arg.: *Los aprendices* (1995)] que, en clave cómica, trata de la indispensable necesidad de una amistad que, por otra parte, no lo resuelve todo.

La *censura* ha tenido una profunda influencia en los temas de los filmes; ha dado lugar a narraciones sutiles e irónicas que alegremente evitan tocar de manera directa temas considerados como escabrosos o 'políticamente incorrectos'. Ha habido, y sigue habiendo, muchas formas de censura. Analizaremos aquí tres:

- La censura política de los regímenes totalitarios, que a menudo y de manera involuntaria han colaborado para que surjan obras pertinentes y satíricas. Citemos por ejemplo, *The fireman's ball* [Esp.: *¡Al fuego, bomberos!* (1967)], del realizador checo Milos Forman, en la que se pone en escena un baile como metáfora sutil y paródica de la incompetencia del Estado comunista. Está claro que cuando un régimen no permite la total libertad de expresión, se crea un tabú que desempeñará un papel muy importante

en la elaboración de la historia; ésta tratará justamente de abordarlo de manera indirecta.
- La censura política se ejerce también bajo otros tipos de regímenes. *Hith noon* [Arg.: *A la hora señalada*. Esp.: *Solo ante el peligro* (1952)], escrita en democracia, en la época de las audiencias instituidas por Mac Carthy, se sirve del clásico y popular género *western* para contar la historia común de un hombre virtuoso al que toda la comunidad abandona. Pero la trama cobra de inmediato un carácter metafórico. De hecho, muchos guionistas y realizadores fueron 'abandonados' por Hollywood durante la caza de brujas contra los comunistas que llevó a cabo Mac Carthy durante los años 50.
- La censura económica, impuesta por la necesidad de rentabilidad de la obra cinematográfica. *Kiss me deadly* [Arg.: *Bésame mortalmente*. Esp.: *Red siniestra* (1955)], *Buffalo Bill and the indians* [Arg.: *Buffalo Bill y los indios* (1976)], *Little Big Man* [Arg.: *Pequeño gran hombre* (1969)], *Rosemary's bayby* [Arg.: *El bebé de Rosmary*. Esp.: *La semilla del diablo* (1968)] y *Shining* [Arg.: *El resplandor* (1980)] constituyen algunos ejemplos de guiones que debieron cambiarse de forma de poder garantizar una cierta rentabilidad, aun transgrediendo la censura contra la que reaccionaban.
- La censura moral. Impuesta por diferentes grupos de presión, ha intentado prohibir obras como *La Religieuse* [Arg.: *La religiosa* (1955)] o *Last temptation of Christ* [Arg.: *La última tentación de Cristo* (1988)]. No olvidemos la influencia del Código Hays, impuesto en Hollywood a principios de los años 30, y que sólo la evolución de las costumbres hizo que cayera en desuso a finales de los años 60.

1.4 El asunto

Además de la influencia de la inspiración personal y cultural a la que ningún artista escapa, como dijimos antes, cabe preguntarse cómo pasar de la idea inicial a la idea principal, del asunto al argumento.

La palabra 'asunto' no debe interpretarse como si fuera uno de los personajes –héroe/protagonista/antagonista, etc.– sino como el propósito de la historia. El asunto es a la vez la historia que el autor quiere contar y la acción que la cuenta. El asunto de la historia es pues la acción, es decir, lo que pasa, mientras que el personaje es a quien le pasan las cosas.

Podemos considerar que existen dos tipos de asuntos que se definen en función de su origen:
- los asuntos de origen externo;
- los asuntos de origen interno.

Es evidente que el guionista debería ser consciente del origen de su asunto.

Asuntos que no surgen de nuestra experiencia personal

La lista sería infinita, pero cabe destacar la adaptación de un relato existente, hechos de actualidad, catástrofes, historias de familia, etc., es decir todo aquello que nos inspira una historia que no hemos vivido personalmente.

Este tipo de temática exige una investigación por parte del guionista (al igual que para el personaje) que lo familiarice con los aspectos físicos, emocionales y psicológicos de la historia y de todos los participantes del drama. Muchos guionistas piensan que los asuntos ajenos a su propia experiencia son los más enriquecedores.

William Goldman, guionista de *Butch Cassidy and the Sundance Kid* [Arg.: *Butch Cassidy y Sundance Kid* (1969)], emprende una verdadera investigación sobre la personalidad de Kid, cuyo verdadero nombre era Harry Longbaugh y que acaba sus días en Bolivia, miserablemente. Estamos muy lejos del apuesto gángster interpretado por Robert Redford. Anna Hamilton Phelan, durante sus investigaciones para escribir *Gorillas in the mist* [Arg.: *Gorilas en la niebla* (1988)], pasó muchos meses en la selva de Ruanda donde había vivido Dian Fossey, lo que constituyó una experiencia difícil[22]. Mathieu Kassovitz, guionista y realizador de *La haine* [Arg.: *El odio* (1995)] no vivió nunca en la periferia de París, así como tampoco Benoît Poelvoorde, coguionista y actor de *Man bites dog* [Esp. *Ocurrió cerca de su casa* (1992)] le apuntó a nadie con una pistola, pero se documentaron.

Asuntos que pertenecen a nuestra experiencia

Estos asuntos presentan varias dificultades. La más corriente es sin duda la de la falta de objetividad, la proximidad emocional y psicológica de nuestras experiencias vividas, que nos hacen ganar en imaginación y en energía, tanto como nos hacen perder en lógica e imparcialidad. Los personajes abstrusos, la intriga inexistente o inverosímil, los diálogos huecos o forzados son algunas de las marcas irrefutables de la autobiografía mal digerida, es decir de las vivencias de las que el guionista no ha sabido tomar distancia. Para completar, el guionista neófito que se basa en acontecimientos personales tenderá a no efectuar ninguna investigación porque cree que conoce su tema.

Sin embargo, se suele recomendar a los jóvenes guionistas que empiecen a escribir a partir de su propia experiencia o sobre un asunto que sientan cercano. La dificultad reside en transcribir esa vivencia personal en una experiencia universal. Gran parte de

---

[22] Entrevista con Anna Hamilton Phelan en *American Screenwriters*, Karl Schanzer y Thomas Lee Wright, Avon Books, 1993.

la obra de Fellini o la de Woody Allen, aunque en un registro muy diferente, nos demuestran que es posible.

Pero, ¿cómo universalizar una experiencia personal? Es allí donde la tradición nos puede ayudar, ya que al comprenderla podemos extrapolar los momentos de nuestra vivencia susceptibles de hacer eco en los demás.

2. Del asunto al argumento

El argumento es una propuesta dramática constituida por un conjunto de escenas que se suceden en un orden y una selección predeterminados. A esta definición podríamos agregar que el argumento es un conjunto de acciones, de acontecimientos y de diálogos.

2.1 Hacia el argumento

El guionista empieza pues por el asunto, es decir por el contenido de la historia. Ahora tiene que construir el argumento, sirviéndose de elementos específicos de la dramaturgia.

Tomemos el ejemplo de Tom Schulman, guionista de *Dead poets society* [Arg.: *La sociedad de los poetas muertos*. Esp.: *El círculo de los poetas muertos* (1989)], que encontró el tema de base en la personalidad 'volcánica' de un profesor de teatro que tuvo en el colegio secundario. En la primera etapa de su trabajo, el personaje del profesor Keating, idéntico a la personalidad del verdadero profesor, hablaba sin parar. Se trataba de una mera verborrea que si bien cumplía la función de inspirar a Schulman, no alcanzaban a constituir una obra dramática[23]. A pesar de haber creado un

---

[23] Entrevista de Jurgen Wolff y Kerry Cox a Tom Schulman en *Top Secrets: Screenwriting*, Lone Eagle Publishing Company, 1993.

personaje muy rico, le faltaba la sucesión de acontecimientos que le permitiría convertir ese recuerdo en un acontecimiento dramático. En el caso de *El círculo de los poetas muertos*, la acción está constituida por el conflicto que surge entre el profesor, sus colegas y los padres de algunos alumnos que no aprecian demasiado su manera de enseñar. Definimos al conflicto como el problema que deberá resolverse a lo largo de la historia (véase capítulo 4, pág. 103). Schulman se vio pues en la necesidad de transformar la personalidad de su profesor, así como la de otros docentes, de tal manera que el conflicto pudiera existir de forma orgánica y verosímil. Para ello, Keating, personaje principal y elemento fundador de la aventura, se verá eclipsado por otro personaje, Neil, uno de sus alumnos. Neil, creado por necesidades propias del argumento, se convertirá en el personaje principal y como tal en el vector de la identificación del público. El conflicto de Keating con sus colegas estará reflejado de manera simétrica en el conflicto de Neil con su padre. La resolución de estos dos conflictos se llevará a cabo mediante la violencia, ya que provocará la muerte de Neil y el despido de Keating.

Por otra parte, desde un punto de vista meramente temático, Schulman sabía, desde el principio de su trabajo, que la noción de *carpe diem* tendría que sobrevivir a los dos protagonistas y que encontraría resonancia y significado en el espectador. Por eso crea a Todd, el fiel amigo de Neil. Al subirse en su escritorio en la última escena, Todd demuestra no sólo su propia rebelión hacia la institución (lo que desencadena la rebelión de los otros alumnos, que también ellos se suben a los bancos) sino que además les confirma a los docentes que asimilaron la lección de Keating. Asegura así la redención de los alumnos y del público en un gran impulso catártico.

Así pues, para pasar del asunto al argumento, Schulman:
- modificó la personalidad de Keating, su personaje principal;

El argumento

- decidió caracterizar como conformista a la institución privada que constituye el lugar y el tema de su historia;
- creó los personajes de los docentes, profesores particulares, celadores, a imagen y semejanza de los que la institución quiere representar: rigor, conformismo, eficacia;
- creó los personajes de los alumnos que, por el contrario, sufrirán represión por parte de la institución. Cabe destacar la gran cantidad de personajes con una personalidad bien definida y, sobre todo, bien transmitida;
- entre todos los personajes creó a dos protagonistas, Neil y Todd;
- elaboró una familia representativa de las aspiraciones de la institución, en particular el padre de Neil;
- creó un interés amoroso para Neil.

Por tanto, se crearon dos elementos dramáticos esenciales para la propuesta dramática: el personaje y el conflicto.

De cualquier forma, hay un tercer elemento fundador, muy presente en el trabajo de Schulman, que hace que el asunto pueda convertirse en argumento: el tema.

2.2 El tema[24]

A menudo se confunde el tema con el asunto de la historia. Sin embargo, a diferencia del asunto, el tema es una abstracción intelectual que unifica la estructura y cuyo significado tiene a veces un carácter moralizador y es de alcance universal. *Jurassic Park* (1993) de Steven Spielberg ilustra bastante bien la diferencia entre tema y asunto. El asunto de *Jurassic Park*, el contenido de la historia, es el mismo que el del libro de Michael Crichton y

---

[24] En la obra original, 'thème'. El 'asunto' corresponde a la palabra 'sujet'. En realidad ambas se suelen traducir por 'tema' en español, pero he intentado respetar la diferencia de los conceptos que establece el autor (N. de la T.).

el de su adaptación a la pantalla: un grupo de científicos piensa poder clonar impunemente una forma de vida. Por el contrario, el tema del libro es muy diferente al de la película. De hecho, en el libro la naturaleza recupera sus derechos (los velocirraptores –aves migratorias– se escapan) y el hombre no puede pretender ser Dios (el parque, interpretación spielgberiana del paraíso, se autodestruye). La fluctuación temática impuesta por el desarrollo de la película (los velocirraptores son capturados) es importante, y en su conjunto bastante disparatada, al insistir en afirmar que la ciencia es todopoderosa: el hombre puede domar a la naturaleza.

El tema cobra tal importancia que llega a sustituir al asunto y a la vez al argumento de la obra. Por ejemplo todos los 'Monsieur Hulot' de Jacques Tati tienen por tema y por asunto la mecanización del hombre y de su entorno. En *El círculo de los poetas muertos*, el tema del *carpe diem* es fundador y hemos visto cómo Schulman para concretar el tema y su repercusión construyó conflictos, personajes y un desarrollo completamente basados en el significado profundo de su tema, cuya pertinencia –cabe señalar– puede parecer discutible.

Ahora pues podemos definir el asunto de la película, el contenido de la historia, constituido por el personaje, el conflicto y el tema, siendo este último elemento fundador y reunificador de los demás elementos dramáticos. Estamos listos para construir el argumento, para lo cual necesitaremos otros elementos dramáticos, que pasaremos a examinar a continuación.

2.3 Elementos de la dramaturgia del argumento

Además del personaje, del conflicto y del tema, existen otros elementos indispensables para la construcción del argumento. Examinaremos cinco de ellos: la crisis, el factor desencadenante, el clímax, la exposición y la resolución.

La crisis

La crisis, acontecimiento decisivo creado por el conflicto, impulsa la acción de manera orgánica, lógica e irrefutable hacia el clímax, es decir el momento paroxístico de la acción y luego hacia la resolución del o de los conflictos. La crisis es el momento del argumento en el que el protagonista toma o no toma la decisión de resolver el conflicto. Esta decisión o esta no decisión es esencial para el desenvolvimiento de la historia, ya que es el momento en el que se reorganizan las opciones esenciales del protagonista. El argumento puede prever varias crisis, conocidas también con el nombre de *nudos dramáticos* o *virajes*.

Ejemplos de crisis:

- En *The piano* [Arg.: *La lección de piano* (1992)], la crisis aparece con la mutilación de Ada. Stewart, pensando sacarse de encima a sus dos rivales, el piano y Baines, le corta a su mujer los dedos con un hacha. En ese momento Ada toma la decisión de dejarlo.
- En *One flew over the cuckoo's nest* [Arg.: *Atrapado sin salida*. Esp.: *Alguien voló sobre el nido del cuco* (1975)], la crisis aparece con la primera reunión de los internos del hospital psiquiátrico. Durante esa reunión, MacMurphy, cuya presencia en el hospital es voluntaria dado que quiere escaparse de una acusación de violación haciéndose pasar por loco, entra en conflicto de manera consciente con la enfermera Ratched. La resolución de este conflicto constituye el relato de la película.
- En *The Crying Game* [Arg.: *El juego de las lágrimas* (1992)], la crisis se da cuando la antigua amiga de Jody, que Fergus debía ejecutar y que es en ese momento su amiga, le revela su verdadera identidad. En ese momento, y con total conocimiento de causa, Fergus tiene que decidir algo sobre su actitud respecto de su compromiso con Jody y

consigo mismo. Decide en favor de la amistad, tanto para Dil como para Jody.

Algunos teóricos del guión piensan que la crisis es un elemento dramático difícil de manejar y por lo tanto, inútil. Es verdad que por momentos la crisis es difícil de definir, ya que está muy cerca de las nociones de clímax, de factor desencadenante, de nudo dramático o de viraje. Sin embargo, uno de los aspectos más interesantes de su función es la de ofrecerle al protagonista la posibilidad de usar su libre albedrío en el entorno de la historia, de poner a prueba al protagonista, de experimentar su grado de libertad en el marco del relato. De cualquier forma, la crisis principal que el guionista elegirá para su protagonista será diferente a las vicisitudes antes mencionadas.

El factor desencadenante

Es también una crisis, un acontecimiento decisivo que se presenta en el primer acto, aunque también puede situarse antes del principio de la película. Da inicio al desarrollo del argumento y anticipa la resolución del conflicto. Su presencia, a veces discreta, suele ser fácil de identificar. Se trata de un elemento dramático unitario y puntual.

Ejemplos de factores desencadenantes:
- En *The piano* [Arg.: *La lección de piano* (1992)], el rechazo de Stewart, el marido, de llevar el piano a su casa: ¿Qué habría pasado si hubiera hecho un mínimo esfuerzo?
- En *One flew over the cuckoo's nest* [Arg.: *Atrapado sin salida*. Esp.: *Alguien voló sobre el nido del cuco* (1975)], el factor desencadenante lo provoca el mismo protagonista que, al hacerse encerrar en un psiquiátrico, perturba el universo cerrado en el que entra. La crisis inicial, que podría considerarse también el factor desencadenante, se da cuando la primera reunión descrita antes. MacMurphy no puede

soportar el control que la enfermera Ratched ejerce sobre los internos (que en su mayoría se encuentran allí voluntariamente) y sobre él. Esta crisis conflictiva depende pues totalmente de su personalidad.
- En *The Crying Game* [Arg.: *El juego de las lágrimas* (1992)], Fergus, terrorista de corazón blando, ha recibido la orden de ejecutar a Jody. Aunque la muerte de este último ha sido accidental, Fergus se siente responsable de ella y decide así huir de su identidad de terrorista y de cumplir con la promesa que le hizo a Jody: ocuparse de su novia. Así, la incapacidad de Fergus para matar (incapacidad que no pone a prueba, lo que hace que la personalidad de Fergus sea más compleja aún) sumada a su promesa y a la inesperada muerte de Jody, hacen que se desencadene el argumento.

Mientras que el factor desencadenante es puntual, la crisis puede repetirse varias veces, repetición que establece una progresión dramática que lleva inevitablemente al clímax y a la resolución. Por ejemplo, *One flew over the cuckoo's nest* [Arg.: *Atrapado sin salida*. Esp.: *Alguien voló sobre el nido del cuco* (1975) presenta una serie de crisis. Hemos hablado de la primera, que es también un factor desencadenante. Pero todas las demás crisis —MacMurphy imitando una partida de boxeo, MacMurphy que lleva a los internos a pasear al mar, Mac Murphy que lleva algunas mujeres dentro del hospital, MacMurphy que descubre que el indio Bromden no es ni sordo ni mudo— no hacen sino arrastrarnos irremediablemente hacia el clímax. Las crisis sucesivas no son sino vicisitudes de la acción.

El clímax

La palabra griega que significa 'escala' o 'gradación' se usa poco en francés, dado que tiene sólo un significado ecológico:

"Estado ideal de equilibrio que alcanzan el suelo y la vegetación en un determinado medio ambiente". En inglés, *climax* significa también apogeo y orgasmo. El clímax es el punto culminante, el punto más interesante y de mayor tensión de la acción dramática. Está después de la crisis y antes del desenlace. No hace falta que el clímax sea violento para ser efectivo.

Ejemplos de clímax:
- *Germinal* (1993): la muerte de Maheu. Marca el punto de no retorno, y si bien en un primer momento no significa nada para Étienne Lantier y su familia, llevará a la lucha sindical y le proporcionará las bases de un porvenir.
- *The Crying Game* [Arg.: *El juego de las lágrimas* (1992)]: el asesinato de la terrorista por parte de Dil, el amigo(a).
- *Le Retour de Martin Guerre* [Arg.: El regreso de Martin Guerre (1981)]: el regreso mismo de Martin Guerre. En las películas que tienen varias vicisitudes, se puede concluir que a menudo la última crisis tiene características de clímax. En el caso de Martin Guerre, el clímax, ¿es el regreso del verdadero Martin Guerre o el ahorcamiento del presunto Martin Guerre? Parecería que el ahorcamiento del presunto Martin Guerre constituye el desenlace del conflicto.
- En *One flew over the cuckoo's nest* [Arg.: *Atrapado sin salida*. Esp.: *Alguien voló sobre el nido del cuco* (1975), el clímax es la muerte de MacMurphy al que asfixia el indio Bromden.
- El clímax de *The piano* [Arg.: *La lección de piano* (1992)] podría ser tanto la escena de la mutilación de los dedos como ésa en la que Ada corre desesperadamente por la selva en busca de Baynes.

Como podemos ver, no siempre es fácil identificar este elemento dramático, esencial para la elaboración del argumento, ¡pero más difícil aún es construirlo!

La exposición

Le indica al lector de la manera más escueta posible lo que tiene que saber y el momento en el que tiene que enterarse.

La exposición, que forma parte del relato y que constituye el primero de los tres actos de la estructura ternaria (véase capítulo 5), es también una herramienta de información puntual que se utiliza a lo largo del relato. En efecto, se trata no sólo de desvelar las características de un personaje, sino también de proporcionarle al espectador, con regularidad, la información que constituye la base del relato dramático y que pauta su progresión.

Al empezar el relato, es normal que el espectador se vaya enterando de ciertos hechos existentes en la vida del personaje. Estos hechos, cuando se le revelan al público, constituyen la exposición. El arte del guionista consiste pues en saber suministrar esta información sin que el espectador se dé cuenta. Inventiva, imaginación, sutileza no estarán de más, ya que normalmente se tiende a apoyarse en el contenido de la información más que en el modo en que ésta se transmite. Esto da por resultado una gran cantidad de obras malas por un comienzo pobre de escenas dramáticas y cargado de información inútil.

Una de las mejores maneras de pasar la información es incluyéndolas en una escena de conflicto o de humor.

Annie Hall (1977) empieza con un monólogo que de hecho es información pura, pero en la que el humor hace que el espectador se olvide de que le están transmitiendo datos que serán esenciales para el desenvolvimiento del argumento. Por otra parte, Woody Allen reincidió recientemente en la función informativa del coro en la tragedia griega y lo usó tal cual en *Mighty Aphrodite* [Arg.: *Poderosa Afrodita* (1996)].

La exposición puede ser rápida y sucinta sin perder por

ello su función informativa. A este respecto, los dos primeros minutos de *Four weddings and a funeral* [Arg.: *Cuatro bodas y un funeral* (1994)] son muy efectivos:

1) Charles duerme profundamente en una cama desordenada. El despertador indica que son las 9 y no suena. Charles sigue durmiendo.
2) Suena el despertador del novio. Se levanta, saca un traje negro de una caja, se dirige hacia el espejo y se peina con dos cepillos. Su actitud y sus gestos transmiten orden y reflexión.
3) En una habitación muy burguesa y sumamente ordenada, Fiona elige vestidos frente a un espejo. Hace una mueca al elegir uno. Su actitud altiva revela que se trata de una mujer decidida, fría y distante que pertenece, o a la que le gustaría pertenecer, a la alta sociedad londinense.
4) Un primer plano de un sartén muestra unos huevos, pan tostado y tocino que se están cociendo en bastante grasa. Gareth, hombre rubicundo, fumador y barbudo, toma el sartén y se dirige al comedor donde su amigo está terminando de vestirse. Éste mira a Gareth sonriendo y le quita de la barba restos de espuma de afeitar. La personalidad de estos dos seres, su amistad, su mutua tolerancia y sus costumbres se desvelan claramente al espectador. Cabe destacar que la comedia se presta especialmente a una exposición rápida y divertida.

A pesar de tener que dar información al comienzo del relato, el guionista deberá guardar el resto para el nudo del relato. De hecho, esta información transmitida de manera adecuada garantizará la progresión dramática de la historia, así como la identificación del espectador.

La resolución

La resolución, que se llama también desenlace, aparecerá después del clímax y resolverá el o los conflictos.

Por lo general el guionista tiende a acelerar el ritmo de trabajo a partir del momento en que empieza a perfilar la resolución del conflicto. Sería bueno que se lo tomara con calma y que reflexionara sobre la función del desenlace que, más allá de la palabra 'fin', tiene que aportar al espectador y a los mismos personajes un mínimo de rigurosidad y de coherencia.

Es pues necesario plantearse las siguientes preguntas: ¿se resuelven en el desenlace todos los conflictos? ¿Tienen que resolverse todos los conflictos en el desenlace? ¿En el desenlace deberá resolverse al menos el conflicto principal? ¿El guionista deberá conocer el desenlace antes de la elaboración del guión? ¿Puede cambiar durante el proceso de escritura?

Estas preguntas se analizarán más adelante, en el punto 7 del capítulo dedicado al conflicto.

Nos abocaremos ahora a dos reglas esenciales de la dramaturgia.

2.4 Para volver a Aristóteles

En la *Poética*, Aristóteles define la tragedia como la imitación de una acción esforzada y completa, de cierta amplitud. La noción de amplitud es importante, ya que es precisamente el largo de la fábula lo que permite que haya una sucesión de acontecimientos, de acuerdo con la verosimilitud y la necesidad por un lado, y el principio de alternancia del destino (felicidad, desdicha o al contrario[25]), por el otro.

Dos de estos elementos de la dramaturgia son esenciales en la elaboración del argumento: la verosimilitud y la necesidad.

---

[25] Vanoye, Francis, *Scénarios modèles, modèles de scénario*, Nathan Université, 1991.

La verosimilitud

Aristóteles fue el primero en afirmar que el asunto del drama no es ni lo verdadero ni lo posible, sino lo verosímil. De todas formas, el significado de esta palabra evoluciona a lo largo de los siglos de acuerdo con las experiencias culturales de cada generación. Lo que era verosímil para la Ximena del siglo XVII (que se casa con el Cid, asesino de su padre), no lo será tanto para nuestros teléfagos contemporáneos, a pesar de estar acostumbrados a los argumentos más improbables. "El relato verosímil es pues un relato cuyas acciones responden, como otras tantas aplicaciones y casos particulares, a un conjunto de máximas percibido como verdadero por el público al que se dirige[26]".

La necesidad o el principio de causalidad

En la época de Aristóteles, la necesidad en la tragedia depende de la intervención de los dioses más que de los hombres. Hoy en día, la fatalidad que pesa sobre el desarrollo del argumento depende de la inventiva del guionista que se arroga así el derecho a la injerencia divina. Para ello, deberá establecer acciones que respeten el principio de causalidad. El personaje llevará a cabo una acción de la que será responsable y que conllevará, inevitablemente, una reacción basada en la causa, la función y el significado original de la acción inicial.

Es interesante constatar que, cuando un argumento no está basado en el principio de causalidad, se vuelve rápidamente inverosímil. Por ejemplo, si una película nos presenta a su heroína que cruza una gruta oscura, consciente de que está habitada por un desconocido, pero lo hace porque quiere encontrar a su hijo, interpretaremos ese gesto como verosímil, ya que obedece a una

---

[26] Genette, Gérard, *Figures II*, Seuil, 1969.

motivación que entendemos. Por el contrario, si la misma heroína se adentra en esa gruta, sin ninguna causa aceptable por parte del espectador, la acción dejará de ser verosímil. Cabe destacar que muchas películas de terror no respetan esta regla.

Capítulo 3
El personaje

1. ¿El personaje o el argumento?

1.1 Para introducir al personaje

El personaje es el elemento dramático ineludible de toda fábula. Ya se trate del personaje principal o secundario, la fábula, el relato de la historia, no existe sino en función de ese personaje en el que todos pueden reconocerse. Es casi imposible hablar de personaje sin mencionar la *Poética* de Aristóteles, que planteó el problema de la coexistencia del personaje y el argumento en la cultura occidental. Para Aristóteles, el hombre existe sólo en sus manifestaciones, en sus acciones. El argumento está así por encima del personaje, puesto que no puede haber personaje sin historia. Cabe recordar, sin embargo, que Aristóteles vivía en una cultura en la que la oralidad primaba por sobre lo escrito. El mismo Platón se encargó en su obra literaria de usar la escritura en forma dialogada, lo que se acercaba más al intercambio verbal[27]. Esta oralidad influyó en Aristóteles que, en el drama, insistió en la exteriorización de los personajes a través de sus acciones. De allí que el personaje sea la acción, fórmula poco elegante, pero efectiva. Por *acción* entendemos las peripecias y vicisitudes

---

[27] Platón destierra a todos los escritores de su *República*.

de la trama, expresados a través de las *acciones* del personaje. Estas *acciones* pueden ser tanto psicológicas, como emocionales o físicas. Pueden ser violentas, pero esta palabra, usada en este contexto, en el que decimos que el personaje se revela a través ellas, no debe de ninguna manera entenderse con la expresión "película de acción".

1.2 ¿Por dónde empezar? ¿Por el personaje o por el argumento?

Cuando la idea original se revela con claridad, hay básicamente dos tipos de guionistas: los que escriben a partir del personaje, y los que se inspiran en una situación.

Para identificar estas dos tendencias, muy influidas por el medio cultural y económico en el que se generan, basta con observar el cine occidental actual. De hecho, el personaje, elemento esencial de todo relato dramático, está a menudo desvalorizado, ya que se encuentra limitado a papeles meramente utilitarios para el argumento. Este fenómeno, bastante frecuente en Occidente, no es universal ni constante. Por ejemplo, el guión hollywoodiano suele basarse en un argumento de situación para desarrollar la historia. Son las necesidades del argumento las que llevan al personaje a situaciones poco creíbles y que lo colocan en el centro de un conflicto tal, que sólo puede darse un desenlace espectacular. Como se puede comprobar, esta ética no pretende enriquecer las experiencias morales y humanas del espectador. Por otra parte, esta situación tampoco es reciente, ya que Howard Hawks y John Ford lucharon en sus propias obras[28] contra la preponderancia del argumento.

No es ninguna novedad que la película de acción se presta a

---

[28] "La politique des personnages", Lettre de Hollywood, Bill Krohn, *Cahiers du cinéma*, N° 483, septiembre de 1994.

la elaboración de un argumento bien organizado en el que el personaje no tiene más que un papel meramente funcional. *Terminator* (1984), *Alien* (1979), la serie de los *Rocky* (1976-1990), *Les Visiteurs* (1992) o *Independence Day* [Arg.: *Día de la independencia* (1996)] no necesitan un personaje complejo para hacer avanzar el relato. Sus argumentos, que cuentan con vicisitudes estandarizadas, tienden a usar al personaje como a un peón de ajedrez. Es el personaje, en este caso, que está al servicio de los múltiples virajes del argumento y no el argumento que nos lleva a percibir la complejidad del personaje.

1.3 Construcción del argumento antes que el personaje

Las películas de acción que mencionamos anteriormente demuestran que efectivamente es posible construir el argumento antes que el personaje. De cualquier forma, tanto el guionista novato como el experimentado deberían recordar que un guión concebido y construido sólo en función del argumento y de la estructura —ya que un argumento sólido no se concibe nunca fuera de una estructura rigurosa (véase capítulo 5)— presenta dos escollos peligrosos.

1. El personaje no interviene sino como elemento dramático secundario. En tanto tal, no recibe la atención que merece. Su elaboración es a menudo esquemática, puesto que su construcción se limita a la búsqueda de una solución adecuada del argumento o si no, vira hacia lo espectacular. *Speed* [Arg.: *Máxima velocidad* (1994)], película de acción por excelencia, que opta por un guión construido a partir de un argumento estereotipado —"¡Este autobús tiene un explosivo, si baja la velocidad, explota!"— podría haber encontrado un protagonista adecuado hasta en un mono. Cabe destacar que las películas de acción no son las únicas que adolecen de un protagonista

sin caracterización. Por ejemplo la comedia tiende muchas veces a incorporar el *gag*, el '*one liner*[29]', lo burlesco, en detrimento del personaje. "El *gag*, escribe Jacqueline Nacache, no se adecua mucho a los personajes demasiado estudiados, a la psicología realista[30]". En este caso se trata de un efecto de género.

2. El personaje se convierte en el producto del argumento más que en su fuerza motriz. De hecho, cuando el argumento es lo que prevalece, los personajes, ya sean protagonistas o antagonistas, tienden a confirmar la retórica. Sostienen el argumento, lo subrayan, le dan color con su presencia, pero no le dan dinamismo. En este caso el personaje anula la regla principal del drama, por la que el personaje tiene que actuar.

A decir verdad, el argumento y el personaje no son dos elementos dramáticos contrapuestos entre los cuales hay que elegir a toda costa. Debe establecerse el equilibrio de su respectiva fuerza narrativa, para lo cual el personaje necesitará tener un devenir histórico y psicológico, así como un pasado que le permitan afrontar las vicisitudes que necesariamente aparecerán en un argumento fuerte y verosímil. De todas formas, una situación demasiado fuerte influirá al guionista y lo llevará a veces a la laboriosa construcción de una sucesión de peripecias y de cambios que a menudo privarán al personaje de su libre albedrío. Cuando la noción clásica de 'destino' —en tanto elemento dramático activo— desaparece del drama moderno, la secuencia de acontecimientos no puede obedecer arbitrariamente a fuerzas divinas. Cabe destacar que el cine occidental

---

[29] Una buena ocurrencia está constituida por una frase corta y contundente. Ej: "Nobody's perfect", en el final de *Certains l'aiment chaud* (1959).

[30] Nacache, Jacqueline, *Le film hollywoodien classique*, Nathan Université, 1995 (pág. 30).

ha tendido siempre a favorecer a un héroe decidido. Volveremos sobre ello más adelante.

El personaje de Hamlet nos proporciona un contraejemplo extraordinario de este postulado. De hecho es su falta de decisión, un rasgo de carácter bastante raro en la historia del drama, lo que desencadena el argumento. ¡Un protagonista pasivo no es necesariamente un protagonista sin objetivos!

1.4 Construcción del personaje antes que el argumento

Si el argumento no es más que un entorno dramático en el que el se mueve el personaje, éste será totalmente responsable del ritmo dramático de la obra. Deberá tener fuertes motivaciones personales, enfrentar obstáculos provocados por su propia personalidad —dado que el argumento no podrá hacerlo— y resolver conflictos, por lo general internos (véase capítulo 4). Un guionista que escribe basándose en la psicología y la evolución de sus personajes sacará partido de este tipo de argumento. Cabe destacar, además, una vuelta al personaje y a su función motriz en la obra de los jóvenes guionistas anglosajones, que se basan en la personalidad mismas de sus personajes para fundar y mover el argumento. *Pulp Fiction* (1994), *Unforgiven* [Arg.: *Los imperdonables*. Esp.: *Sin perdón* (1992)], *Reservoir Dogs* [Arg.: *Perros de la calle* (1992)], *The Crying Game* [Arg.: *El juego de las lágrimas* (1992)], *Secrets and lies* [Arg.: *Secretos y mentiras* (1996)] son algunos ejemplos sobre los que volveremos más adelante. El cine francés ha seguido muchas veces la tradición del relato basado en el personaje, tradición que se perpetúa con películas como *La haine* [Arg.: *El odio* (1995)], *Les Apprentis* [Arg.: *Los aprendices* (1995)] o *Cat's away* (1995), tres películas en las que la caracterización de los protagonistas es responsable del argumento.

El empobrecimiento y la banalización del personaje, sobre

todo en películas de acción y series audiovisuales, obedecen a múltiples causas:
- la escritura televisiva que se ha decantado decididamente por las *sitcom* —abreviatura de *situation-comedy*— y que invade nuestras pantallas, tiene muy poca fe en la fuerza motriz y dramática del personaje, tal y como su nombre lo indica;
- el *zapping*, que hoy en día forma parte de nuestro hábitos, genera una creciente falta de concentración
- la aparición de las narraciones 'interactivas' no favorecen la concentración del espectador, así como tampoco una comprensión profunda de los problemas humanos. De hecho, con los videojuegos, el 'diálogo' que se instaura entre el hombre y la máquina, aunque ésta esté pensada para ser inteligente, es forzosamente más lineal y obviamente menos conflictivo que el que se suele establecer entre el hombre y su semejante.

Para subrayar la fe implícita que tienen algunos autores en la fuerza motriz del personaje, imaginémonos —como lo hizo Lajos Egri[31]— que Hamlet —*Hamlet "the brooding Dane"*— se enamora de Julieta. Presa de su personalidad brumosa y dubitativa, el danés no le diría nada a Julieta, alimentaría su terrible dilema con largos monólogos de gran belleza, filosóficos y desesperados, sobre la inmortalidad de su amor por Julieta. Seguramente le pediría consejo a todos los miembros de su familia sobre la mejor manera de hacer las paces con los Capuletos, mientras Julieta, ignorando el amor que Hamlet le profesa y las negociaciones de las que es objeto, se casaría con algún otro. Tal y como podemos comprobar, el cambio del argumento de Hamlet en nada cambia la personalidad del personaje epónimo. Por el contrario, si hubiéramos

---

[31] Egri, Lajos, *The Art of Dramatic Writing*, Simon and Schuster, 1960.

alterado el carácter de Hamlet, habríamos privado a un sinnúmero de actores magistrales del placer de declamar el famoso verso: 'to be or not to be[32]'.

Para concluir esta sección en la que hemos hablado de la preponderancia del argumento o del personaje como base del guión, y para mostrar la complejidad de esta dicotomía, es interesante ver cómo las películas francesas 'compradas' por Hollywood tiene de hecho argumentos en los que los productores no habían pensado nunca. *L'Emmerdeur* [Esp.: *Sálvese quien pueda* (1973)], *La Totale* [Esp.: *Dos espías en mi cama* (1981)], *Trois hommes et un couffin* [Arg.: *Tres hombres y un bebé*. Esp.: *Tres solteros y un biberón* (1985)], *Le retour de Martin Guerre* [Arg.: *El regreso de Martin Guerre* (1981)], *My father the hero* [Arg.: *Mi papá es un héroe*. Esp.: *Mi padre ¡qué ligue!* (1991)], *Neuf mois* [Arg.: *Nueve meses* (1993)], *Le père Noël est une ordure* [Esp.: *Papá Noel es un desastre* (1982)], *Les Diaboliques* [Esp.: *Las diabólicas* (1954)] o *Les Compères* [Arg.: *Los compadres* (1983)] son sólo algunos ejemplos.

2. ¿Cómo construir el personaje?

> *El hombre superficial cree siempre en su suerte.*
> Ralph Waldo Emerson

2.1 Primeros esbozos

A primera vista, no hay nada más fácil que construir un personaje en la medida en que ya existe, en potencia, en la personalidad misma del autor. No obstante, el guionista novato deberá establecer una cierta distancia consigo mismo, a menos que quiera que su texto tenga un carácter netamente autobiográfico, cosa

---

[32] Hamlet, "atormentado y sombrío danés". (Nota de la T.)

que sucede a menudo, pero que pocas veces resulta oportuno para un primer guión. La amistad, la simpatía, el interés que el guionista sentirá por sus personajes es esencial. De hecho, cabe preguntarse por qué habríamos de embarcarnos en un largo viaje con pasajeros que no significan nada para nosotros.

El personaje, para vivir en el universo en el que se expresará, necesita tener un pasado. Será pues este pasado, como para cualquier personaje ficcional o no, lo que condicionará su presente. Y este pasado tenemos que conocerlo antes de poder revelarlo.

Syd Field[33], maestro de la estructura, establece una inteligente división de la vida del personaje en dos partes espacio-temporales: la anterior a la película, la categoría interior y la de la película misma, la categoría exterior. La vida interior del personaje comprende desde su nacimiento hasta el momento en que empieza el filme. La vida exterior del personaje empieza cuando inicia la película, evoluciona durante ésta, en la que su identidad se nos revelará a través de sus acciones, para terminar en el mismo momento en que en la película aparece la palabra FIN. Este instrumento es sumamente útil para la construcción del personaje. En efecto, por un lado le permite aparecer en escena en cualquier momento de su historia, lo que le brinda al guionista una gran libertad de acción; por el otro, garantiza una revelación coherente del personaje.

2.2 ¿Qué es lo que hay que saber del personaje?

Todo lo posible, aunque hay que recordar que es más importante conocer el contexto psicológico, histórico y cultural del personaje que saber de qué color tiene el pelo o los ojos. La siguiente lista incluye los elementos fundamentales:

---

[33] Field, Syd, Screenplay, *The Foundations of Screenwriting*, Dell Publishing, 1979.

El personaje

Contexto histórico:
- lugar y año de nacimiento
- perfil de sus padres (etnia, medio socioeconómico)
- la estructura familiar (hermanos, hermanas, primos, etc.)

Contexto personal:
- capacidades o incapacidades físicas
- religión
- medio: ¿proviene del mismo medio que el de la historia?
- influencia de su entorno pasado y presente.

Rasgos de carácter:
- ¿Introvertido o extrovertido? ¿Intuitivo o no?, etc.
- ¿Víctima, inocente o impostor?

Gustos y colores: cobran una forma cada vez más definida a medida que avanza la escritura del personaje. Aun cuando el aspecto del personaje, su forma de vestir, sus platos preferidos, si es o no fumador, no constituyen rasgos esenciales, dichos aspectos contribuirán, tarde o temprano, a su caracterización. Para algunos autores, los rasgos estrictamente físicos pueden desencadenar la caracterización.

Algunos rasgos del carácter del personaje serán más importantes en la medida en que no aparezcan en la pantalla directamente. ¿De qué tiene miedo el personaje? ¿Esconde algo? ¿Qué piensa de la muerte? ¿Qué piensa de sí mismo? ¿Qué odia hacer? ¿Cuál es su actitud para con los demás, su país, la política? Estos detalles, que sólo conoce el guionista, harán que el personaje se mueva cómodamente en el universo que el guionista construyó a su medida.

Está claro que las respuestas a estas preguntas acerca del personaje no deberán de ninguna manera sustituir los conflictos dramáticos puntuales que deberá enfrentar en el marco de la historia.

Un personaje puede construirse al revés. No es obligatorio empezar siempre por el lugar y la fecha de nacimiento. Reacciones sutiles e incontroladas pueden desencadenar la construcción de una personalidad completa y cabal. Nuestra imaginación no deberá verse frenada por ninguna regla. Por el contrario, la construcción del personaje deberá ayudar a que nuestra imaginación despliegue completamente sus alas y pueda expresarse plenamente. Más tarde veremos que el personaje se construye también en función de su voluntad y del argumento, que pondrá en evidencia dicha voluntad.

2.3 ¿Cómo encontrar un personaje?

En la definición del personaje y de su contexto personal, se recomendaba al guionista que tuviera claro si provenía del mismo medio en que lo situará la película, dado que si hubiera una diferencia, ésta podría generar un conflicto no sólo entre los personajes, sino también entre el guionista y su creación.

Hay cuatro situaciones, que a veces se mezclan entre sí, que merecerían al menos considerarse:

1. Cuando el entorno sociocultural del personaje es profundamente diferente al del guionista: Matthieu Kassovitz, autorrealizador de *La haine* [Arg.: *El odio* (1995)], no vivió nunca en la periferia.
2. Cuando el entorno profesional del personaje es profundamente diferente al del guionista: Anna Hamilton Phelan, guionista de *Gorilles dans la brume* (1988) se retiró durante varios meses a las montañas de Kenia, al sitio donde Dian Fossey llevó a cabo sus investigaciones sobre los gorilas.
3. Cuando el entorno físico del personaje es totalmente desconocido para el guionista, lo que no es aconsejable pero puede ocurrir en caso de un encargo puntual. Para *Gorilles dans la brume*, más allá de la especificidad profesional que comentamos antes, Phelan tuvo que vivir en condiciones climáticas y físicas muy extremas y tomar conciencia de su influencia.

El personaje

4. Cuando la psicología del personaje es muy diferente a la del guionista: por lo que concierne a Ismaël, el personaje principal de *ByeBye* (1995), Karim Dridi admite que "es un personaje que está a años luz de mí y estoy seguro de que en la vida real me aburriría[34]". Esta confesión a destiempo parece fácil. Sin embargo, el guionista tuvo que reconocer primero esta diferencia entre él y el personaje, luego respetarla para poder expresarla mejor en el personaje, y por último tuvo que revelarla a través de sus acciones. Todo esto conlleva una enorme sutileza psicológica.

Más allá de las conclusiones a las que llegará el guionista tras haber analizado las cuatro situaciones antes mencionadas, la tarea implicará también un trabajo con el lenguaje, que deberá reflejar la identidad del personaje.

2.4 El protagonista

El personaje principal es el *protagonista*, al o a la que le ocurre lo que pasa en la historia – ya sea humano (*Hamlet*, *Léon*), animal (*White fang* [Arg. Colmillo Blanco], *Baxter*), vegetal (*La chose d'un autre monde*), construido con resina sintética (*E.T.*), elaborado en dibujo animado (*Who framed Roger Rabbit?* [Arg.: *¿Quién engañó a Roger Rabbit?*]) o creado matemáticamente con una computadora (*Toy Story*). Encarna el *tema* y alrededor de él se teje el *argumento*. *Su motivación, su meta*, presentes en la pantalla son los motores del *conflicto* que deberá *resolver* franqueando todos los *obstáculos* con valentía y éxito. El protagonista es el héroe de la película con el que el espectador *se identifica*. El protagonista constituye pues el centro de la acción.

En *Scénarios modèles, modèles de scénarios*, Francis Vanoye señala

---

[34] *Cahiers du cinéma* N° 494, "Propos de Karim Dridi", pág. 41, septiembre de 1995.

que "este esquema se aleja de los modelos suministrados por las novelas y los relatos escritos en el siglo XVIII, a menudo polifónicos o dialógicos, menos rigurosos sobre la cuestión del personaje central, llenos de acontecimientos y de digresiones, que tratan al personaje más como figura ejemplar que como una quasi-persona[35]".

Este esquema, dice Francis Vanoye, estipula cuatro elementos esenciales[36] de la dramaturgia:
- La historia deberá construirse alrededor del personaje central, es decir el protagonista.
- El personaje central deberá tener objetivos, motivaciones respecto de la historia en la que se verá comprometido.
- El personaje deberá revelarse progresivamente al espectador a través de su acción.
- El personaje evoluciona en un contexto específico que tendrá influencia en su comportamiento.

Todo parece indicar que el espectador occidental se siente seguro con este esquema. Quizás esta estructura del relato es más propensa a su identificación. Sería interesante saber por qué los mismos guionistas suscriben a esta estructura, más allá de sus contingencias profesionales.

Sin embargo, existen otros esquemas, menos centrados en la figura del personaje central único, de sus objetivos, de la pertinencia del conflicto y de la necesidad que tendrá de resolverlo. Existen claramente otro tipo de sensibilidades, que el esquema actual dominante tenderá a abolir. Sea como fuera, nos ocuparemos del personaje clásico contemporáneo, más allá de que le toque actuar o soportar pasivamente.

---

[35] Vanoye, Francis, *Scénarios modèles, modèles de scénarios*, Nathan Université, 1991.
[36] *Ibid.*

2.5 El protagonista y su meta

En el esquema que nos atañe, una lograda construcción de los personajes, y sobre todo del protagonista, sólo puede llevarse a cabo si este último está animado por una voluntad, un deseo, una meta. Es bastante común concebir un personaje cuya caracterización dramática está por definir, pero cuya personalidad nos fascina. En la medida en que este personaje no manifieste una voluntad, un deseo, que deberá concretarse en una meta, no podrá cumplir con una función dramática. Mientras que un relato escrito le permitirá al personaje expresar su pasividad, su falta de voluntad —por ejemplo a través de la introspección— el relato fílmico, relato en imágenes de lo no dicho, no le ofrecerá la misma posibilidad. Nos remitimos a la gran tradición de la dramaturgia, que propone a un protagonista construido no sólo en función de su motivación, sino también en función de la revelación de dicha motivación, que sólo se llevará a cabo mediante la acción.

El protagonista contemporáneo es, pues, por definición y según cierta tradición, un protagonista con objetivos, cuya naturaleza y calidad lo definen como héroe y, como veremos más adelante, suscita la identificación por parte del espectador.

En *Dances with wolves* [Arg.: *Danza con lobos*. Esp.: *Danzando con lobos* (1994)], la motivación del lugarteniente Dunbar (Kevin Costner) radica en la imperiosa necesidad que tiene de huir hacia 'the frontier'. Él no sabe aún que esa frontera, su meta, es volátil, ya que retrocede a medida que avanza la civilización. Sólo alcanzará la frontera en la huida.

En *Unforgiven* [Arg.: *Los imperdonables*. Esp.: *Sin perdón* (1992)], William Munny (Clint Eastwood) quiere seguir criando a sus hijos como se lo pidió su mujer, respetando principios como el del trabajo y la honestidad. El héroe no podrá alcanzar dicho objetivo más que recuperando su antigua identidad, la de un criminal que se transformó en leyenda. Paradójicamente Munny conseguirá quitarse de encima su legendario pasado sanguinario, sólo encarnando de nuevo la leyenda.

Así pues, en el esquema que estamos analizando, todo parece indicar que el protagonista y su meta están irremediablemente unidos, y que es imposible construir y hacer evolucionar uno sin tener en cuenta el otro. De allí el enorme poder que tienen la calidad y la naturaleza de la meta. Deberemos para ello tener en cuenta estos cuatro elementos:

- Es aconsejable que el protagonista tenga una única meta. De hecho un guión en el que el protagonista tiene varios objetivos implica que éste deberá dramatizar necesariamente la resolución del primero, luego del segundo, y así sucesivamente. Esto conlleva un riego de que el argumento del relato se diluya y pierda verosimilitud. ¿Cuántos conflictos es razonable que resolvamos al mismo tiempo?
- La meta del protagonista deberá ser capaz de suscitar una oposición para producir un conflicto. Esta oposición, que se presentará como obstáculo, puede surgir de otro personaje, de las circunstancias de la historia, o de la misma naturaleza del protagonista en el caso de un conflicto interior.
- La naturaleza de la meta determina la actitud del espectador respecto del protagonista y respecto de su obstáculo. En efecto, la motivación del protagonista tendrá la función de generar el conflicto, pero garantizará también la identificación. Un personaje sin motivación o con una motivación frágil o incomprensible genera un proceso de identificación problemático, incierto y quizá discontinuo. El espectador se distancia del personaje, lo juzga y hasta puede que pierda el interés. Esto puede ser una opción del guión: véase *Conte d'été* [Arg.: *Cuento de verano* (É. Rhomer, 1995)], *Encore* (P. Bonitzer, 1996).

- La naturaleza de la meta determina la naturaleza del protagonista al igual que la naturaleza del oponente. Por ejemplo, ya hemos visto cómo William Munny en *Unforgiven* [Arg.: *Los imperdonables*. Esp.: *Sin perdón* (1992)], para lograr su objetivo fundamental que es el de alimentar a sus hijos, tiene que combatir contra su naturaleza actual de agricultor sin dinero para reconquistar su antigua naturaleza de criminal sanguinario. Y todo esto para liberarse del pasado.

Los objetivos de los personajes pueden ser muy diferentes:
- A Hamlet le gustaría vengar a su padre.
- La meta fundamental de Will Kane en *Hith noon* [Arg.: *A la hora señalada*. Esp.: *Solo ante el peligro* (1952)] es casarse y llevar una vida tranquila.
- En *Vértigo* (1958), Scottie Ferguson quiere encontrar a Madeleine.
- Todos los personajes de *La Grande Bouffe* [Arg.: *La gran comilona* (1973)] quieren morir.
- Todos los personajes de *Reservoir Dogs* [Arg.: *Perros de la calle* (1992)] también quieren morir, pero no son conscientes de ello.
- Julie en *Le ciel est à vous* [Esp. *El cielo es vuestro* (1943)] quiere pilotear.
- Charlot en *The gold rush* [Arg.: *La quimera del oro* (1925)] quiere comer.
- *E.T.* (1982) 'wants to go home'.

En esta diversidad radica la riqueza de la fábula. De cualquier forma, la meta del protagonista, ya sea única, original, simple, cruel..., deberá ser fácilmente identificable, por tanto, concreta. De hecho, una meta general –como el de sentirse realizado, pasar unas buenas vacaciones o tener buena salud– puede presentar cierto interés según los autores, pero en manos de un guionista novato, será mucho más difícil darle forma. Por un lado, esta meta no será nunca efectiva en la medida en que no generará una motivación fuerte y puntual en el protagonista; por el otro, será difícil de circunscribir a los límites de una película. Esta reflexión nos lleva a lo que sigue.

2.6 El héroe decidido

Parecería que el común de los mortales no formara parte del poso mítico del que se alimentan los guionistas, puesto que la dramaturgia contemporánea tiende a poner en escena a personajes de motivaciones poderosas, que a menudo constituyen la base de todo el argumento. No obstante, Marc Vernet[37] sugiere que en el cine que tiene un legítimo interés de rentabilidad, "el filme apunta de entrada a un público amplio". Para eso, "tiene que basarse en elementos dramáticos compartidos por los diferentes estratos de la sociedad o por sociedades diferentes". Añade que "sin ser necesariamente cósmicos o universales, estos elementos dramáticos deben ser comunes". Parecería pues que el deseo, la motivación, la voluntad del protagonista, usados y aceptados en el cine, al menos por parte del cine occidental, se alimentan de ese poso común.

Esto resulta sorprendente porque si bien la dramaturgia contemporánea insiste en el héroe decidido, el protagonista apático, es decir el que tiene una meta pero no hace nada por alcanzarla, es más corriente de lo que se piensa y tiene la ventaja de que se nos parece. El hecho de que no pueda actuar es por lo general el origen del drama, ya que es precisamente la imposibilidad de tomar una decisión que lo libere de sus propias cadenas lo que desencadenará el conflicto. Como ya hemos visto en *Hamlet*, esa

---

[37] Fernet, Marc, "Le Personnage de film, cinéma et narration", Iris, nº 7, 1986, pág. 87.

falta de decisión desencadena el conflicto al igual que lo hubiera hecho la decisión del protagonista motivado que quiere y puede actuar.

El drama social ofrece un vasto abanico de este tipo de personajes:

On the water front [Arg.: *Nido de ratas.* Esp.: *Al este del Edén* (1954)] pone en escena a un protagonista que desea liberarse del medio social en el que vive. 'Obligado' (¿acaso tenía otra opción?) a perder una partida de boxeo arreglada, la única acción que Terry Malloy (Marlon Brando) podía llevar a cabo y en la que tenía depositadas sus esperanzas de victoria, le es de alguna forma arrebatada ("*I could have been a contender*").

Este tipo de personaje, desposeído de su posibilidad de acción por circunstancias externas (o internas, ya que los rasgos psicológicos del personaje influyen en su poder de decisión), tiene profundo eco en el espectador.

De cualquier modo, el guionista no debe confundir a un personaje motivado y decidido –al que el objetivo se le escapa de las manos por circunstancias independientes de su voluntad – con un personaje motivado y decidido, que actúa de modo tal que se aleja irremediablemente de la meta que se había fijado.

Por ejemplo, en *One flew over the cuckoo's nest* [Arg.: *Atrapado sin salida.* Esp.: *Alguien voló sobre el nido del cuco* (1975)], está claro que McMurphy quiere salir del hospital psiquiátrico en el que se encuentra encerrado voluntariamente para escapar a la prisión. McMurphy entrará en conflicto con la representación del orden, encarnado en la enfermera Ratched y verá cómo la trampa que le ha tendido a la justicia se le vuelve en contra.

2.7 El protagonista sin metas

¿Es posible construir un argumento con un personaje sin metas? Pero antes debemos aclarar lo que se entiende por 'sin metas'.

"Un personaje sin finalidad y sin motivación es un personaje problemático, por lo general en crisis (sentimental y/o profesional o social) que soporta los acontecimientos sin voluntad precisa, su diferencia es fundamental para el contenido de la trama[38]".

Este personaje sin una voluntad precisa es difícil de dramatizar, no porque no tenga objetivos, sino porque esa falta de metas que rompe con las dos reglas básicas de la dramaturgia clásica (¿Qué quiere el personaje? ¿Hasta dónde es capaz de llegar para alcanzar su meta?) propone un personaje pasivo que será complicado de mover, dado que por definición evitará cualquier conflicto y por tanto cualquier acción para resolver dicho conflicto. Sin embargo, el cine nos ofrece algunas de sus más bellas caracterizaciones precisamente sirviéndose de la técnica de la suspensión de la meta.

Uno de los tres amigos de *La haine* [Arg.: *El odio* (1995)] espera a que su compañero muera o no para tomar o dejar de tomar una decisión. El tiempo se estira, acompañado por el ritmo regular del tiempo que pasa que da el reloj de la pantalla. Cambian las posiciones físicas de los personajes: sentados con la cabeza hacia la izquierda, de pie mirando hacia las torres que se pierden en el horizonte. ¿Cuál es la meta de estos jóvenes sino la de encontrar alguna?

La serie de los 'Monsieur Hulot' de Jacques Tati pone en escena a un protagonista sin una gran motivación a través del que observamos el mundo en el que vive. Serán otros personajes los que lo definirán por defecto, al negativo. Él no es lo que los otros son. Lo que los demás quieren, es lo que él no.

Mon Oncle [Arg.: *Mi tío* (1958)] habla de la tensión que existe entre la sensibilidad '*old fashioned*' de Monsieur Hulot y la del

---

[38] Vanoye, Francis, *Scénarios modèles, modèles de scénarios*, Nathan Université, 1991.

mundo de la sociedad de consumo, encarnado en su cuñado, Monsieur Arpel.

Playtime (1967) analiza la desaparición del ser humano en el laberinto de la sociedad postindustrial, mientras que Monsieur Hulot trata de encontrar, en vano, el hombre con el que tiene una cita.

Trafic [Esp.: *Tráfico* (1972)] aborda el tema de la mecanización del ser humano a través del largo viaje que emprende Monsieur Hulot para presentar su camping-car ultramoderno en una feria a la que llegará, por otra parte, demasiado tarde. Aparentemente en esta película Hulot tiene una meta más clara —llegar a la exposición— hacia la que se mueve con su energía habitual.

Hulot pasa por estas tres películas con su paso indeciso y determinado a la vez, apuntando sólo a poner en marcha el mecanismo de los *gags*. Tati no quiere que el espectador se identifique con Hulot. ¿Es acaso un personaje pasivo? Es difícil pronunciarse al respecto, ya que en cada película tiene objetivos, aunque generales y transitorios, pero su 'actancia', su presencia en la narración, es pasiva. Ahora bien, será precisamente esta relativa pasividad lo que pondrá en marcha el desenvolvimiento de la fábula y la comprensión de los temas.

Como podemos ver, la tradición de la dramaturgia clásica basada en la importancia del argumento y en la meta del protagonista no es inviolable. El cine contemporáneo se aparta a menudo de este esquema clásico y nos propone las películas de Éric Rohmer, la serie de los *Cow-boys* de Aki Kaurismaki, algunas películas italianas como *Amarcord* (1973), en la que la multiplicidad de los personajes y el tema de la película reemplazan al personaje dotado de objetivos. *High Hopes*, como la mayoría de los filmes de Mike Leigh, pone en escena a personajes que viven casi sin esperanza. Su deseo profundo, honesto y cándido de un mundo mejor, los inmoviliza. Tras sentirse arrojados en un presente difícil, lo soportan con paciencia, piedad y compasión.

Hay una gran cantidad de protagonistas que no tienen realmente motivaciones inmediatas. Él (o ella) espera lo que el destino (el autor) les depara. Por ejemplo *Thelma y Louise* (1990) no tienen de verdad un objetivo fundamental más que el de escapar, aunque sólo sea un fin de semana, de la esclavitud que les impone su trabajo de camareras. Serán circunstancias de su personalidad lo que arrastrará a los dos personajes hacia el futuro que conocemos (violación, asesinato, fuga, muerte), y no su motivación o su meta. El salto final hacia la muerte, inverosímil en una realidad diferente a la suya, es la conclusión inevitable y plausible a la que lleva su personalidad.

El esquema contemporáneo suele instaurar una meta que proviene de las circunstancias y que se desarrolla junto con el personaje. Fergus, en *The Crying Game* [Arg.: *El juego de las lágrimas* (1992)], no es al principio un personaje demasiado motivado. Forma parte del IRA, lo que nos sorprende. Tiene que matar a un hombre, no lo hace y se encuentra involucrado en una trama que lo arrastra a él más de lo que él arrastra a la trama. Sólo al final de la película Fergus tomará una decisión.

Quizás esta ausencia de motivación interna, esta suspensión de la voluntad sustituyen al 'destino' de los griegos. Los dioses ya no descenderán de sus máquinas para cortar por lo sano e imponernos tareas difíciles. Hemos crecido, nos hemos alejado de toda intervención divina y estamos listos para engendrar nuestros propios infiernos.

El personaje

3. ¿Cómo revelar al personaje?

3.1 A través de la acción

El personaje, una vez construido, se revela a través de la acción, ya que si bien es la personalidad del personaje que por lo general crea la acción del filme, será siempre la acción la que revelará su identidad, su caracterización. El error que suelen cometer los guionistas noveles es el de revelar al personaje, ya sea a través de una narración personal, una voz en 'over' por la que el personaje se habla o se cuenta –técnica tomada de la literatura–, ya sea a través del diálogo, técnica propia del teatro. Es evidente que estas dos maneras de revelar al personaje no tienen por qué desterrase necesariamente del relato cinematográfico. Hay muchas películas que han hecho un brillante uso de ellas. Sin embargo, es aconsejable que el guionista trate de agotar todas las estrategias de caracterización estrictamente cinematográficas (acción, entorno, comportamiento, puntos de vista, etc.) antes de autorizar a su personaje a que abra la boca.

Los dos ejemplos que citaré a continuación tienen por objetivo demostrar hasta qué punto la acción puede ser reveladora del los personajes, pero éstos no podrían dar cuenta de las múltiples formas que ella puede tomar:

En *The night and the city* [Esp.: *Noche en la ciudad* (1950)], Harry Fabian (Richard Widmark) un ambicioso promotor que trabaja en la puerta de un club nocturno, corre hasta perder el aliento en la noche londinense. Se le cae el pañuelo del bolsillo. Aunque están a punto de alcanzarlo, Harry para, recoge el pañuelo y se lo vuelve a poner en el bolsillo, y retoma la carrera. Harry Fabian quiere preservar su imagen a toda costa.

En *Boudu sauvé des eaux* [Arg.: *Boudu salvado de las aguas* (1932)], Boudu (Michel Simon), contrariado por la desaparición de su perro, abre la puerta de un auto para que salga un pasajero.

Éste se baja, empieza a hurgar en los bolsillos. Nada. Ni una triste moneda, y el espectador tanto como Boudu saben que este hombre egoísta tampoco se esfuerza por encontrar algo para darle. Boudu, cansado, en un gesto de dignidad le da los 10 céntimos que una niña le había dado antes y se va. Este gesto, simple y rápido, describe al personaje:
- Boudu es consciente de su estado: le abre la puerta a un pasajero, como lo hace habitualmente, y con este gesto demuestra la aceptación de su situación social.
- Boudu reivindica este estado: la mezquindad previsible por parte del pasajero le da la oportunidad –y no la dejará escapar– de expresar la parte subversiva y muy desagradable de su carácter.
- Boudu es un peligro social, puesto que al darle la moneda al pasajero subvierte el orden social y afirma su derecho a existir tal y como él lo entiende. Anticipa, de este modo, con gran sutileza, lo que pasará más adelante.

Estos dos ejemplos manifiestan la personalidad del personaje a través de un detalle de comportamiento. En ambos casos la escena reveladora aparece al principio de la película, lo que permite intuir el futuro del personaje. De cualquier forma, señalemos que las acciones reveladoras del personaje deberían darse a lo largo de toda la película, lo que le impone al guionista la elaboración de un personaje rico, complejo y en evolución.

3.2 A través del entorno

El entorno cercano del personaje, ya sea éste social, profesional o familiar, es siempre un elemento revelador.

En *Fat City* [Arg.: *Ciudad dorada* (1972)] la decrepitud de la ciudad de Stockton, con su inverosímil colección de 'losers' presenta ya desde los créditos un círculo narrativo y psicológico totalmente cerrado en el que vive Billy Tully, boxeador venido a menos. No tendrá ni la oportunidad ni la fuerza de subirse al ring y de ganar.

En *Barton Fink* (1992) Barton se encuentra confinado en una habitación de hotel de paredes siniestras en las que el papel se despega bajos los efectos combinados del calor y del cerebro afiebrado del guionista que trata, en vano, de escribir su obra maestra.

El entorno simple y armonioso de Monsieur Hulot en *Mon Oncle* [Arg.: *Mi tío* (1958)] revela la poesía del personaje, mientras que el de su cuñado pone de manifiesto, por la fuerza del contraste, sus vacuas ambiciones de conveniencia.

Estos ejemplos están tomados a partir de un registro de películas[39] que van más allá de los filmes de género. En efecto, el policial, el *western*, o la ciencia ficción comportan, por el género al que pertenecen, una serie de hipótesis sobre el carácter de los personajes que animan la película. En otras palabras, en un policial, el espectador tiende a anticipar cierta definición del personaje que pertenece a este género.

3.3 A través del diálogo

Está claro que el instrumento más usado para la revelación del personaje es el diálogo, al que deberíamos dedicarle un capítulo entero y no estas escasas líneas.

Las cuatro funciones imperativas a las que debe someterse el diálogo son las siguientes:
- tiene que expresar el pensamiento del personaje
- tiene que revelar las características sociales e individuales del personaje
- tiene que hacer avanzar la trama
- tiene que establecer, de manera consistente, el tono de la película.

[39] Salvo en el caso de *La noche y la ciudad* (1952), que es un policial de los más clásicos.

Por regla general, el guionista deberá preguntarse si el diálogo cumple al menos dos de estas funciones, y si la respuesta fuera negativa, debería volver a escribir el diálogo. De hecho los mejores diálogos revelan la personalidad del personaje, pero también permiten que avance la trama. En el capítulo 2 hablamos de la exposición. Precisamente una de las tareas más difíciles del guionista es el manejo de la exposición, sobre todo cuando se hace a través del diálogo.

Veamos pues algunas recomendaciones:

- El guionista debe recordar en todo momento que el cine es un medio visual y que toda la información necesaria para la comprensión de la obra debería transmitirse visualmente, en la medida de lo posible; la mejor estrategia es la simple eliminación del diálogo inútil, sobre todo del que funciona sólo como calco de la imagen.
- El diálogo no es sólo una conversación, aunque una de sus funciones sea precisamente la de crear esta ilusión. El diálogo está seleccionado y ordenado en función del personaje que se expresa y de la situación en la que se mueve. Cada persona debe expresarse de acuerdo con su carácter, su educación, su entorno sociocultural.
- De ser posible, el personaje tiene que expresarse en el contexto de la trama. Las digresiones divertidas o poéticas, aunque revelen la personalidad del protagonista, no son interesantes si no permiten el avance del argumento.
- Contrariamente a lo que ocurre con un libro, la película no permite que el espectador vuelva hacia atrás. El diálogo deberá ser comprensible, aunque el personaje sea complejo. Asimismo, es recomendable no cargar al personaje con demasiadas frases que parezcan citas.

El personaje creado por el guionista deberá tener el aspecto de un ser vivo, con voluntad propia, carácter, afinidades, un pasado y un futuro.

Capítulo 4
El conflicto

1. La fuerza motriz de la historia

El conflicto aparece cuando un mínimo de dos unidades (personajes, situaciones, fuerzas, necesidades, motivaciones u objetivos) se oponen de manera física o psicológica. La condición para que se instaure un conflicto –sea cual fuera– es que se produzca el encuentro de al menos dos fuerzas opuestas.

Charles Darwin fue el primero en interpretar las fuerzas biológicas conflictivas que emanan de la naturaleza de las especies animales como *fuerzas motrices*. Gracias a la selección natural, estas fuerzas perdían repentinamente en divinidad lo que ganaban en energía. Así, la aparición del hombre no era ya el resultado de la voluntad divina, sino el de un inmenso conflicto biológico a través y gracias al cual la especie humana –así como también el resto de las especies– alcanzaba su forma actual. Esta selección natural, conflicto permanente y a la vez lucha por la supervivencia de la especie, es pues la energía motriz de nuestro devenir biológico. Está en el centro y al mismo tiempo es el centro del drama de la supervivencia.

Es interesante destacar las analogías entre el papel que juega el conflicto biológico en la evolución de las especies y el conflicto dramático en el seno de la narración. En efecto, el conflicto dramático es también energía motriz de la historia, ya que no hay historia sin conflicto. El conflicto es, de alguna manera, el asunto de la historia, que por lo general se termina cuando el conflicto se resuelve[40].

Hay otros dos aspectos de la teoría de Darwin que pueden aplicarse a las reglas de la dramaturgia. Por una parte, la selección natural tiende claramente hacia una finalidad. Que el desenvolvimiento sea positivo o negativo, que culmine con la desaparición de la especie o con su salvaguardia, el caso es que concluye de manera puntual, aunque más no sea para volver a empezar más tarde. Por otro lado, esta resolución, esta finalidad –lo que remite a una interpretación tanto darwiniana como contemporánea– parece tener por objeto el mejoramiento de la especie. ¿No es acaso éste el objetivo de toda representación dramática? ¿No se trata acaso del 'mejoramiento' del espectador –en el sentido aristotélico del término– a través de la reproducción de las relaciones conflictivas humanas y de sus soluciones, es decir, a través de la representación del drama?

El lugar que ocupa el conflicto en la trama dramática se sitúa en el cruce de dos influencias contradictorias. Por un lado, el cine de arte y ensayo, que por lo general se considera como opuesto al cine comercial, ha reducido hasta tal punto la importancia del conflicto que éste ha dejado de ser un elemento dramático esencial y central de la historia. Por otra parte y simultáneamente, el

---

[40] De todas maneras, cabe señalar que el darwinismo científico se opone a la noción de naturaleza con un 'objetivo', una 'finalidad', ya que la consideran una noción religiosa. El mejoramiento de la especie se limita a una especie determinada y específica a la vez, que sólo puede ser temporal, en la medida en que todas las especies evolucionan permanentemente. Sin embargo, cuando el darwinismo se aplica al estudio del drama, el objetivo y la finalidad se convierten en elementos escatológicos válidos, ya que existen en función de un Dios, de un creador, es decir, el autor.

cine comercial le dio tanta importancia al conflicto, que muchas películas actuales no se apoyan en ningún otro elemento dramático sino en el conflicto, considerado tan sólo bajo su aspecto funcional y por lo general maniqueo.

Si consideramos el conflicto como el eco revolucionario de algo central en la experiencia humana, resulta tentador relacionar estos dos fenómenos. Mientras que las películas de arte y ensayo abandonan progresivamente un elemento esencial del drama, el cine comercial, por su parte, refuerza su presencia por efecto compensatorio. Una evolución semejante se podría esbozar también en lo que concierne al argumento.

1.1 El conflicto externo

El conflicto de orden externo, como su nombre lo indica, proviene de circunstancias exteriores al personaje. La naturaleza, el entorno social y profesional, otro personaje que tenga la función de antagonista, son algunas instancias conflictivas externas.

En *Jaws* [Arg.: *Tiburón* (1975)], el sherif Brody tiene que enfrentarse al tiburón que devasta la playa de la estación balnearia de la que es responsable.

En *The silence of the lambs* [Arg.: *El silencio de los inocentes*. Esp.: *El silencio de los corderos* (1990)], Clarice Starling debe enfrentar a Hannibal Lecter para conseguir la información necesaria que permitirá arrestar al criminal, Buffalo Bill. La obtención de dicha información facilitará a su vez la obtención de su diploma.

En *Wild river* [Arg.: *Río salvaje*, (1960)], Chuck Glover tiene que convencer a Ella Garth de que abandone su propiedad antes de que sea arrasada por las aguas del río Tennessee, recientemente encauzado.

Estos ejemplos de conflicto externo funcionan muy bien como energía motriz inicial del relato. Pero, ¿son siempre legítimos?

De hecho, cuando el guionista usa el conflicto como motor

dramático, percibido únicamente como la suma de obstáculos que el protagonista deberá superar, existe un peligro real de acumulación artificial de dichos obstáculos, que tienen como único objetivo dar fuerza al suspense. Esto se puede verificar en películas con un argumento lento o en filmes de acción que no aspiran sino al entretenimiento y a lo espectacular.

1.2 Del conflicto externo al conflicto interno

De todas formas, y en el mejor de los casos, el conflicto externo como fuerza motriz de la obra sirve para traducir en el plano de la realidad exterior un conflicto interno, dotado éste de una fuerza motriz aún más potente. Una de las razones que contribuyen al aumento de esta energía es la identificación del espectador con un personaje responsable de su conflicto psicológico interno, más que con uno implicado en un conflicto externo.

Si el sherif Brody enfrenta su responsabilidad cívica y política, su miedo al agua es en verdad el conflicto real, interno, que tendrá que resolver.

Se supone que Hannibal Lecter, antagonista por excelencia, tiene que ayudar a Clarice Starling. El encuentro de ambos supondrá para Clarice un descenso a los infiernos, doloroso y conflictivo, cuya orquestación hábil y perversa demuestra a su vez lo borrosa que es, en la trama dramática contemporánea, la línea divisoria que separa protagonista y antagonista, sobre todo si se basa en la fraternidad tradicional de los adversarios. Sin embargo, gracias a Lecter, Clarice se enfrentará a problemas psicológicos profundos, a un conflicto interno que tendrá solución al resolver también la trama general, y en el que el conflicto externo le permitirá estructurar el relato.

Chuck Glover, hombre dulce, íntegro e individualista, encuentra en Ella Garth, su antagonista, ecos de su propia personalidad. Se ve acuciado por un conflicto interno que existe antes de la diégesis, pero a través de la comprensión de los ideales de Ella Garth, será capaz de identificar y resolver ese conflicto. De hecho, tras obligar a Ella a abandonar su isla, será una parte de él mismo que ahogará también en las aguas del Tennessee.

¿Podríamos afirmar que el movimiento de todo relato fílmico está basado esencialmente en la revelación del conflicto interno?

Hith noon [Arg.: *A la hora señalada*. Esp.: *Solo ante el peligro* (1952)] perdura en nuestra memoria como un filme maniqueo por excelencia en la que el bueno derrota al malo a través de un conflicto impuesto por el argumento y a través de este hecho externo. La película empieza con la llegada de la banda de los hermanos Miller a Hadleyville, en el momento mismo en que el sherif Will Kane (Gary Cooper) se casa con Amy (Grace Kelly). Tras besar a su reciente esposa y recibir las felicitaciones de sus conciudadanos, Will Kane duda en irse, ya que deja a la ciudad sin autoridad durante 24 horas. La noticia de la llegada de los hermanos Miller acrecienta sus dudas. Los habitantes de la ciudad lo convencen, y Will Kane y su mujer parten finalmente para empezar una nueva vida. Tras recorrer pocos kilómetros, Kane decide dar marcha atrás y enfrentarse a la banda de malhechores.

Esto merece algunas reflexiones:

- Para que este viraje de situación sea verosímil, el guionista debería haber pensado en una caracterización adecuada del protagonista. De hecho, si la trama está construida de tal forma que el enfrentamiento de los protagonistas en este conflicto tradicional sea inevitable, es la caracterización del personaje, sus rasgos psicológicos, los que determinan el regreso de Will Kane.
- La necesidad que tiene Kane de confundir a la banda Miller es la expresión de un conflicto interior aún no resuelto que se convierte, efectivamente, en la fuerza motriz de la historia.

- La movilización de la energía motriz de la historia permite que se desarrolle el argumento, instaurando el conflicto maniqueo tradicional que mencionamos más arriba, pero también desarrollando otros muchos conflictos de orden externo, como por ejemplo el que contrapone a Will Kane y a su mujer –una cuáquera que se cría contra toda violencia– o el que lo confronta con los ciudadanos de Hadleyville, que se negarán a socorrerlo cuando le toca enfrentarse con la banda Miller.
- Por último, esta decisión conllevará el aislamiento de Kane en su conflicto interno. Solo, con sus miedos y sus dudas, deberá derrotarse a sí mismo antes de poder derrotar al otro.

El conflicto externo, su encuentro armado con la banda no es sino la manifestación de su conflicto interno. Como se puede comprobar, la relación funcional entre conflictos internos y externos crea una tensión psicológica y narrativa digna de interés.

Para funcionar bien, el conflicto externo sólo tiene que ser creíble en el universo del filme. Por el contrario, el conflicto interno debe corresponder a todos los aspectos de la personalidad de los personajes implicados y contar con un sentido común de la psicología humana que compartan los espectadores. Se podría plantear la regla de que los guiones mejor construidos son aquellos en los que se pone en evidencia una relación profunda entre el conflicto interno del personaje y el conflicto externo, como ocurre en *Hith noon* [Arg.: *A la hora señalada*. Esp.: *Solo ante el peligro* (1952)].

En *Safe* (1996), Todd Haynes, guionista y realizador de la película, establece una relación perturbadora entre el conflicto externo y el interno, aportando a este vínculo una importancia y un significado desconcertantes. En la película, la protagonista sufre el 'ataque' de todas las contaminaciones que se conocen a finales del siglo XX. Este conflicto pareciera ser un conflicto externo por excelencia. Sin embargo, la historia alude permanentemente a que la sensibilidad enfermiza de la protagonista hacia esas contaminaciones está profundamente relacionado con su propia personalidad. Dicha predisposición se pone de manifiesto también a través de otros hechos: el desgaste de su matrimonio, su incapacidad de sentir el dolor ajeno y, sobre todo, su impotencia para establecer cualquier tipo de contacto con ella misma, aunque sólo sea a nivel elemental. La resolución de la película sugiere que su conflicto interno –la incapacidad de quererse a sí misma– es el origen de su incapacidad para luchar contra la contaminación, fenómeno fundamentalmente externo. Las últimas palabras de la protagonista que se repite: 'te amo, te amo, te amo' frente a un espejo, representan el inicio potencial de su convalecencia.

En nuestra realidad occidental, es difícil admitir que venceremos los conflictos que provienen del exterior mediante el dominio de nuestros conflictos internos, gracias a un proceso de disciplina mental. Este postulado, que es el punto central de *Safe*, no es adecuado y lleva a un rechazo intelectual de la implicación. Sin embargo, en un universo ficcional coherente y verosímil, que es el caso de *Safe*, garantiza el funcionamiento de la historia y autoriza la comprensión de los vínculos que unen los conflictos internos y externos.

1.3 El conflicto y el obstáculo

El postulado dominante, que opera en la retórica de la escritura del guión proveniente de Estados Unidos, insiste en el hecho de que el conflicto nace cuando el protagonista se encuentra con un obstáculo que impide la realización de su objetivo.

Protagonista, objetivo, obstáculo, conflicto, resolución, son los cinco elementos dramáticos, enunciados según su sucesión cronológica, que dicho postulado presupone plasmado en el argumento. Es decir que el primer elemento da origen al segundo, y así sucesivamente, siendo el último elemento el resultado del precedente.

Para que esto funcione, es necesario que el protagonista tenga una motivación. Tiene que ser un personaje decidido, puesto que al tener una meta, decide llevarla a cabo.

Es difícil hacer objeciones a una convención aparentemente lógica –ya que funciona muy bien en los relatos basados en un conflicto externo– y cuyo rigor aparente genera gran serenidad –hay que admitirlo– en el guionista. No obstante, es conveniente prevenir al lector acerca de algunos efectos perversos que este postulado puede producir en la escritura del guión:

1- En este esquema, el conflicto es sólo un resultado y no una fuerza motriz. Al estar ubicado en cuarto lugar, inmediatamente antes de la resolución, no participa en la caracterización inicial del protagonista.

2- El protagonista está caracterizado sólo en función del obstáculo, lo que da lugar a una caracterización que se plasma a través de la acción de protagonista sólo en el momento de la confrontación, pero no antes. Su evolución se ve pues obstaculizada. Además, es verdad que la naturaleza del obstáculo, así como también la naturaleza del objetivo, aporta cierta dimensión al protagonista.

3- Este postulado permite suponer que no hay conflicto posible más allá de la voluntad del personaje. De hecho, en este esquema, como el conflicto es el resultado del encuentro de la meta del protagonista con el obstáculo, el protagonista deberá no sólo estar motivado, sino que deberá además actuar en función de su motivación. Tenemos así un héroe totalmente decidido, lo que no es evidente en todas las culturas.

4- Al convertir al obstáculo en elemento dramático esencial, dado que es indispensable vencerlo para llegar a la resolución de la historia, este postulado supone un *deseo activo* por parte del protagonista. Aunque para los occidentales sea más difícil construir un drama que tenga un protagonista pasivo, la misma palabra 'obstáculo' da a entender una participación activa del protagonista; pero esto no siempre es así. En la historia del cine hay una gran cantidad de protagonistas no decididos.

5- Este postulado da a entender que el héroe siempre será capaz de solucionar su conflicto, lo que deja de lado a una enorme cantidad de personajes de carácter heroico, que no alcanzan nunca sus objetivos.

6- Refuerza la estructura ternaria tradicional, que no contribuye forzosamente a la creación de un cine de gran originalidad cultural.

Aunque este postulado, reveladoramente bautizado por Fred Jameson como "paradigma narrativo industrial[41]", parezca en su conjunto bastante dictatorial, resulta útil conocerlo porque tiene la ventaja de ser efectivo. ¡Efectivo! ¡A esto queríamos llegar! De hecho, el relato efectivo no es el único concebible, ni el más realista, ni tampoco el que más atrapa. En esto estamos de acuerdo, pero su preponderancia en el mundo occidental es tal, que es difícil librarse de él, tanto en lo que se refiere a la estructura como al análisis.

A este respecto, no es casual que haya elegido *Hith noon* [Arg.: *A la hora señalada*. Esp.: *Solo ante el peligro* (1952)], obra norteamericana por excelencia, cuyo relato es efectivo. En efecto, esta película demuestra bastante bien cómo, aun cuando el guionista aplique un postulado como el descrito más arriba, el relato se sale del esquema estructural impuesto y nos reserva algunas sorpresas. Sabemos que Will Kane vive un conflicto

---

[41] Ruiz, Raoul, *Poéticas del cine*. Santiago de Chile, Sudamericana, 2000.

interno. Acaba de casarse. Quiere vivir tranquilamente junto con su mujer (aunque es cierto que en lo más hondo de sí no está totalmente convencido) y sólo su sentido moral y cívico se lo impiden. Era sherif y seguirá siéndolo. Es así responsable de su propio conflicto y lo alimenta usando elementos psicológicos inherentes a su personalidad.

En efecto, si consideramos que la banda Miller es un simple obstáculo externo y que el verdadero deseo de Kane es vivir feliz junto a su mujer, cabe preguntarse por qué vuelve a Hadleyville. Habría podido vencer perfectamente el obstáculo evitándolo y realizar así su deseo de irse de Hadleyville. Es evidente que el conflicto psicológico existe en Kane, aunque sea de manera embrionaria, mucho antes de la llegada de la banda Miller, que actúa como obstáculo externo. Por tanto, aun siguiendo el postulado hollywoodiano, el conflicto no es siempre el resultado del obstáculo.

Se vuelve también bastante difícil analizar Hamlet en función del obstáculo más que del conflicto. De hecho Hamlet sabe lo que tiene que hacer. Tiene que matar a su tío. Es su meta. La función del obstáculo no es la de debilitar la motivación del protagonista, sino todo lo contrario, es decir la de reforzarla, de tal suerte que pueda vencer el obstáculo. Y sin embargo, en Hamlet el obstáculo surge de él mismo. Es un obstáculo interno que no crea el conflicto, sino que resulta de él. De hecho, sus vacilaciones y sus dudas frente al crimen son la fuerza conflictiva que lo lleva a su inmovilismo total, obstáculo interno que luego lo matará. Contrariamente al dictamen del postulado antes mencionado, en Hamlet el obstáculo es resultado del conflicto.

Quizás esta visión del conflicto como resultado directo de la confrontación entre la meta y el obstáculo dé la posibilidad de reflexionar sobre la calidad del cine contemporáneo, el uso sistemático del protagonista activo y decidido, lo que conlleva una banalización de la acción y del personaje.

Por ejemplo *La haine* [Arg.: *El odio* (1995)] instaura un conflicto externo inmediato entre los habitantes de Cité des Muguets y las fuerzas del orden. Dentro de este conflicto aparece otro: la imposibilidad en la que se encuentran Saïd, Hubert y Vinz de tomar una decisión. No se trata pues de héroes decididos. No pueden sino esperar la noticia de la muerte de su amigo Abdel para pensar que deberán tomar una decisión, pero no llegarán a tomarla, ya que el disparo que matará a Vinz es accidental. El filme no es sino una larga espera en la que observamos a los tres personajes que arrastran su ociosidad. Por tanto, la motivación, elemento dramático inevitable para el protagonista, no resulta tan inevitable como se pensaba para el buen desenvolvimiento del drama.

Cabe señalar que el cine europeo actual tiende a depender cada vez más del postulado antes mencionado. Algunos piensan que estamos sacrificando nuestra cultura y vendiéndonos en aras de la rentabilidad y que por ello caemos en la tentación de servirnos de recetas de escritura que no son propias de nuestra cultura. Sería fácil e ingenuo pensar que este estado de las cosas se debe sólo a una cuestión económica. Además, esta actitud subestima la inteligencia del público, que no se deja engañar por grandes artificios y los aprecia en su justa medida.

1.4 El obstáculo y la verosimilitud

El equilibrio dramático, fundamental para el buen desenvolvimiento del drama, se basa en la relación de fuerza que se establece entre los personajes y el objeto de su conflicto. Para ello, los personajes deberán estar calibrados en función de los obstáculos a los que se enfrentan y de los conflictos por resolver. En otras palabras, tienen que estar a la altura del obstáculo.

Si el personaje creado no es capaz de resolver el conflicto o de vencer el obstáculo, o si el obstáculo supera las capacidades del personaje, nos alejaremos del ámbito de la verosimilitud, en el sentido aristotélico de la palabra. Se producirá una ruptura de la suspensión de la duda y el espectador desaparecerá del universo fílmico. Ya hemos citado a Aristóteles[42] cuando afirma que el asunto del drama no es ni lo verdadero ni lo posible, sino lo verosímil.

La 'suspensión de la duda', traducción literal de la expresión inglesa *suspension of disbelief*, se refiere al contrato implícito que establece el espectador con el universo del filme. Dicho contrato prevé que el espectador suspenda sus dudas respecto del realismo del universo fílmico o teatral que tiene delante, con tal de que se respete la verosimilitud del drama. En *Interview with a vampire* [Arg.: *Entrevista con un vampiro* (1994)] se produce una sorprendente ruptura de la suspensión de la duda. Anne Rice, autora del libro y guionista de la película, nos muestra que la imagen de los vampiros no corresponde a la imagen que nos han impuesto durante siglos. No se trata forzosamente de mutantes crueles, sin alma y sedientos de sangre, sino de seres humanos que perdieron precisamente su rasgo humano por ser incapaces de dejarlo, es decir, de morir. Aunque esta representación, algo diferente al mito del vampiro, esté en contra de nuestros recuerdos y sobre todo de nuestras expectativas, la aceptamos. En ello reside el arte del narrador. Más tarde, la hija adoptiva de Louis (Brad Pitt) desaparece, en sentido literal y figurado, ya que muere expuesta a los rayos del sol, muerte muy conforme con la tradición.

Pero Louis, herido por esta desaparición, extermina a todos los vampiros reunidos en un teatro, quemándolos vivos o decapitándolos. Sin embargo, Lestat, al que le cortaron el cuello y lo quemaron vivo, renace tranquilamente de sus cenizas. Se produce entonces una ruptura del pacto con el público, una torpeza del

---

[42] Véase capítulo 2, pág. 76.

relato que hace que la evolución del universo creado por el autor deje de ser coherente y que se cierna la duda en el espíritu del espectador. Se produce pues una ruptura de la suspensión de la duda, ya que hay ruptura de la verosimilitud construida por el autor y, hasta ese momento, aceptada por el público.

1.5 El conflicto, factor de identificación

Anteriormente sugerimos que la identificación del espectador opera con mayor facilidad si se da un conflicto interno. Lo que no significa que no haya identificación en el caso de un conflicto externo. Es realmente aquí cuando la noción de obstáculo entra en juego, una vez que se ha establecido el conflicto. En efecto, en los conflictos externos, el obstáculo puede ser interno o externo, pero en cualquier caso debe ser verosímil y estar bien calibrado.

En *Les Dents de la mer*, el sherif Brody se enfrenta a un obstáculo interno verosímil, con el que nos identificamos fácilmente: el miedo al agua. El obstáculo externo, el agua misma, en realidad no aumenta la identificación. El tiburón, por el contrario, obstáculo externo por excelencia, le ofrece al espectador la posibilidad de experimentar un miedo visceral e irracional.

En *Le fleuve sauvage*, Chuck Glover se enfrenta a varios obstáculos externos: los hijos de Ella Garth, un puesto profesional en el que su predecesor fracasó, la nieta de Ella Garth de la que se enamora, los habitantes de la ciudad, en la que flota un cierto racismo, que Glover a menudo pone en crisis, a lo que hay que agregar el río mismo y la incesante lluvia. Todos estos obstáculos son externos y verosímiles, lo que refuerza la identificación del espectador con Chuck, sin que por ello se debilite nuestra identificación con su conflicto interno.

The silence of the lambs [Arg.: *El silencio de los inocentes*. Esp.: *El silencio de los corderos* (1990)], nos propone un factor de identificación más complejo. Dado que el espectador no sabe nunca si el verdadero antagonista es Hannibal Lecter o Buffalo Bill y dado que el horror y rechazo que siente por sus delitos le impide su identificación con estos personajes, no queda más que Clarice como vector de identificación. Pero de hecho la identificación con sus problemas prácticamente no se produce, así como tampoco con el tipo de obstáculo (el horror que inspira Buffalo Bill, la soledad de Clarice, su insuperable necesidad de éxito). La fuente de identificación primordial radica en la espectacularidad que se produce en cada encuentro de Clarice con Lecter. En las películas de acción actuales se suele apelar a este tipo de identificación.

Hemos dado tres ejemplos de películas en las que el motor dramático se basa en un conflicto externo y donde se pone en juego un dispositivo de identificación que se apoya por un lado en el conflicto interno preexistente, y por el otro en obstáculos externos e internos relativamente superables.

La palabra 'superable' es importante. Sin caer en una desconfianza excesiva respecto de las resoluciones de conflictos que encontramos en el cine comercial, creemos –siguiendo las reglas de la dramaturgia– que el espectador tiene derecho a esperar un desenlace, sea cual fuera su intensidad. De hecho, las emociones, las frustraciones y los momentos de exaltación que suscita en él la representación de ese conflicto operan como una catarsis[43]. Pero ésta no se producirá hasta que el conflicto no encuentre una solución que lleve al desenlace del drama. En realidad el desenlace, tenga la forma que tenga, forma parte del contrato implícito que firma el espectador al entrar en una sala de espectáculos. Contrariamente a la implicación emocional del espectador, la resolución del conflicto, satisfactoria sin por ello

---

[43] Según Aristóteles, la catarsis es resultado de la 'purgación de las pasiones' provocado en el espectador durante la representación del drama.

tener que recurrir al *happy end*, es no sólo una obligación para con él, sino además el factor de identificación más importante.

2. ¿Cómo construir un conflicto?

2.1 La definición del conflicto

Dado que el guionista se basa en el postulado de que no hay drama hasta que el conflicto no está definido, éste suele aparecer muy pronto y se presenta no sólo como el comienzo del argumento, sino más bien como cebo. Algunos autores sienten tanta urgencia por definir el conflicto, que lo definen desde los créditos, o incluso antes[44].

Los créditos de *Léon* [Arg.: *El perfecto asesino*. Esp.: *León, el profesional* (1994)] empiezan con un plano que sobrevuela los árboles verdes del Central Park, y que choca contra el gris de los altos edificios de piedra que cierran el horizonte. A partir de ese momento se instala una temática del conflicto típica del *western*: el estado salvaje ('*the wilderness*') contra la civilización.

Kiss me deadly [Arg.: *Bésame mortalmente*. Esp.: *Red siniestra* (1955)] empieza con la imagen de una carretera de noche. Una mujer corre y trata de parar un coche, vestida con un impermeable y descalza. El descapotable derrapa, casi la atropella y luego se detiene. El conductor, no muy satisfecho, ayuda a la mujer a subirse al auto. En la radio pasan "*I'd rather have the blues*" de Nat King Cole, comentario irónico y cruel, ya que en los dos minutos siguientes, la mujer será asesinada y el hombre, ajusticiado. Las mismas letras de los créditos, así como su inusual manera de emerger de lo desconocido y de avanzar

---

[44] Blacker, Irwin R., *The Elements of Screewriting*, Mac Millan, Nueva York, 1988.

hacia nosotros, al revés del orden que se sigue en la lectura[45] —de arriba hacia abajo— definen el tema y el conflicto de la película: en una era nuclear que lleva a la locura, se invierten todas las reglas y son los símbolos tradicional de la ley y del orden los que nos llevan a la catástrofe.

En *Witness* (1984), las primeras imágenes muestran granos de espigas flotando en el aire, luego aparecen los *amish* con sus vestimentas tradicionales, un carro amish tirado por dos caballos, una granja, un entierro, y las primeras palabras que oímos no son en inglés sino en 'High Deutsch', un dialecto germánico que data del siglo XVII. El tema de la comunidad se plantea ya desde los créditos. Sin embargo, esta obra presenta el conflicto después de los mismos.

En *Annie Hall* (1977), Alvy Singer (Woody Allen) define el conflicto dirigiéndose directamente al espectador. Nos enteramos así, tras algunas divertidas digresiones, que Annie y Alvy acaban de separarse y que el objetivo de Alvy es reconciliarse.

2.2 El conflicto y la violencia

El conflicto no tiene por qué ser violento. Por lo general el espectador se identifica más fácilmente con la violencia emocional que con la violencia física, que suele manifestarse de manera espectacular. Además, todos estamos más o menos sometidos a presiones emocionales más o menos violentas: el chantaje de una madre posesiva, la indiferencia de un padre absorbido por la profesión, la mala fe de un profesor, la traición de un amigo de la infancia, la indiscreción legal de un policía, etc. Todo puede ser fuente de conflicto; sin embargo, pocas veces estas situaciones conflictivas se resuelven con sangre y violencia.

---

[45] Gorge Lucas usó el mismo tipo de títulos para *Starwars: a new hope*, [Arg.: *La Guerra de las galaxias*, 1977].

El conflicto

En *Misery* (1990), Paul Sheldon, autor de éxito, acaba de terminar su última novela en la que mata a su heroína epónima. En un accidente de coche, lo salva de la muerte Annie Wilkes, la enfermera que acabará secuestrándolo. De todos los actos de violencia que la *fan* demencial Annie Wilkes inflige al autor, el más doloroso es quizás el de quemar su manuscrito, única copia de una obra de factura totalmente novedosa, en la que Sheldon trabajó durante dos años.

En *Who's afraid of Virginia Woolf* [Arg.: *¿Quién teme a Virginia Woolf* (1966)], Georges mata al hijo imaginario de Martha, infligiéndole un dolor tan cruel como insoportable. No ha habido, en términos concretos, violencia física, ya que el niño existe sólo en el imaginario. Sin embargo, Martha siente esa pérdida como real.

2.3 El conflicto doméstico o el conflicto universal

El conflicto de todos los conflictos es el doméstico. De hecho, no hay cultura en la que el conflicto doméstico no sea fuente constante de drama y de narración. Por otra parte, el conflicto doméstico es aquel con el que el espectador se identifica más fácilmente. En efecto, a lo largo de nuestra vida todos hemos sido testigos voluntarios o involuntarios, al menos una vez, o hemos participado en un conflicto familiar. *Kramer vs. Kramer* (1979), *Petits arrangements avec les morts* (1994), *The Snapper* [Arg.: *Esperando al bebé.* Esp.: *Café irlandés* (1993)], *Sex, lies and videotape* [Arg.: *Sexo, mentiras y video* (1989)], *Rosine* (1994) o el mismo *Edipo* son dramas en los que el conflicto se plantea en el seno de la familia. La acción trágica no siempre responde a un conflicto entre dos enemigos, sino también entre dos amigos, entre marido y mujer, entre hermanos, etc. El conflicto familiar es un conflicto primordial:

- El tío de Hamlet mata a su hermano y se casa con su cuñada.
- Edipo mata a su padre y se casa con su madre.

Y en versión menos violenta:
- El padre de *Snapper* (el niño), Dessie Curly quiere conocer la identidad del hombre que 'embarazó' a su hija mayor.
- Antígona quiere enterrar a su hermano respetando la costumbre, a pesar de la prohibición ordenada por su tío.
- Rosine, muy unida a su madre, tiene que enfrentarse a las insinuaciones sexuales de su padre, que había desaparecido hacía más de diez años.

2.4 El conflicto y la comedia

Numerosas comedias dan la sensación de deslizarse con gracia y elegancia en la pantalla, dejando tras de sí una imagen feliz después del desenlace. Pero el conflicto, el alma del drama, sigue estando presente en alguna parte.

El argumento de *Singing in the rain* [Arg.: *Cantando bajo la lluvia* (1946)], comedia musical eufórica por definición, se basa en incertidumbres que pesan sobre el cine mudo en los albores del cine sonoro. El conflicto entre estas dos épocas del arte cinematográfico está encarnado en dos personajes, conflictivos también ellos, que representan el pasado que se opone al futuro.

It's a wonderful life [Arg.: *Qué bello es vivir* (1946)], una de las comedias más logradas de Frank Capra, parece resolverse dejando a todos contentos. Como todas las comedias de Frank Capra, por otra parte. Pero debajo de este buen humor subyacen conflictos emocionales y sociales, escondidos tras una hábil orquestación que tiende a ocultar la seriedad y la profundidad.

Alguien ha dicho que "La comedia nace del recuerdo del dolor[46]". Parafraseando, podríamos decir que "la comedia nace del conflicto modificado". La mayoría de las comedias son el resultado de una redifinición de las reglas de la realidad en la que los

---

[46] "Comedy is pain remembered".

conflictos —que por lo general son fuente de frustración para el protagonista— son por éste superados. Por ejemplo, cuando la fachada entera de un edificio se cae sobre Buster Keaton en *Seven chances* [Arg.: *Las siete oportunidades*. Esp.: *Siete ocasiones* (1925)] y él se salva el pellejo por quedarse precisamente en la puerta, sin ser consciente en lo más mínimo, se están poniendo patas para arriba todas las reglas del conflicto exterior. De esta manera, la comedia nos permite escapar de nuestros conflictos cotidianos y penetrar en un mundo en el que nos parece posible dominarlos.

2.5 El conflicto y el protagonista

Una de las reglas clásicas del drama dice que es aconsejable que el conflicto cambie al protagonista. Esta teoría, que se remonta a Aristóteles, prescribe que el conflicto tenga una importancia como para poder influir en la evolución del protagonista de una manera perceptible para él y para el espectador. Veremos en los ejemplos que siguen que no todos los guiones respetan esta regla. Por un lado, la evolución de carácter del protagonista no siempre se traduce en un mejoramiento del personaje, en el sentido en que lo entendía Aristóteles; por el otro, la ausencia de cualquier cambio, apenas si frena el buen desenvolvimiento de la trama.

En *Casablanca* (1942), Rick parece haberse alejado de los problemas de la Segunda Guerra Mundial y de la ocupación alemana. Sin embargo, el carácter de Rick cambiará por varias razones. De oscuro, indiferente y lejano, pasará a ser valiente, comprensivo y noble, y será precisamente esta evolución lo que hará posible el desenlace.

Léon (1994), héroe creado a imagen y semejanza del western clásico, *'the loner'*, al principio de la película es un personaje independiente, frío y distante. Un 'matón' sin estado de ánimo. Su encuentro con Mathilda lo transformará profundamente, hasta tal punto que se sacrificará por ella.

En *Les Visiteurs* (1992), sólo el personaje de Jacquouille lleva a cabo una suerte de evolución, liberándose de su estatus medieval de vasallo que lo sometía a su amo, Godefroy de Montmirail. En cambio éste permanece tal cual, en su afán de mantener el *statu quo* jerárquico de la Edad Media.

Reservoir Dogs [Arg.: *Perros de la calle* (1992)] es un buen contraejemplo, ya que es precisamente porque Larry (Harvey Keitel) se niega a cambiar, respondiendo a un código de honor determinado por el grupo, porque se niega a cuestionar su amistad con Mr. Orange (Tim Roth, el policía de civil) por lo que desestabiliza al grupo hasta tal punto que sus propios miembros acaban matándose entre ellos.

La evolución de carácter del protagonista, su mejoramiento, se ha extendido al cine actual. Algunos pensarán que el hecho de querer que el personaje evolucione, para mejor, claro, a través de la resolución de su conflicto, responde a un enfoque industrial de la escritura del guión. ¿Acaso no es ingenuo pensar que la gente pueda cambiar de una manera tan significativa como puntual? ¿De qué manera esta evolución impuesta al personaje ficcional responde a lo que supuestamente espera el público?

2.6 El conflicto y su resolución

En el esquema narrativo tradicional, que coloca el conflicto en el centro del drama, se da por sentado que la resolución de este conflicto lleva al final de la historia. Por ende, la relación entre conflicto y desenlace es muy fuerte. Veremos que la ausencia de resolución del conflicto –aunque considerado por satisfactorio– no deja de llevarnos al final del relato.

Un análisis de las resoluciones del conflicto sugiere que los desenlaces de relatos fílmicos presentan tres categorías de resolución que a menudo se encabalgan:

- el conflicto resuelto con desenlace satisfactorio
- el conflicto resuelto con desenlace insatisfactorio
- el conflicto no resuelto con desenlace satisfactorio.

El conflicto no resuelto, con desenlace insatisfactorio, podría considerarse como una cuarta categoría, pero la cultura occidental, así como también la industria del cine, rara vez autorizan esta combinación.

Es conveniente aclarar lo que entendemos por satisfactorio.

Un conflicto resuelto de manera satisfactoria autoriza la catarsis o 'purgación' de las pasiones. Esta purgación suele darse en el desenlace, en la resolución del conflicto; se supone que le aporta al espectador satisfacción, exaltación y una comprensión más profunda del drama y de su propia existencia. Así, es conveniente que esta resolución no se lleve a cabo mediante un vulgar *deus ex machina*. A esto hay que sumarle el hecho de que el guionista no puede controlar del todo la catarsis generada por la representación del drama, en la medida en que se dirige a un público variado en sus gustos, sus expectativas y su psicología. De todas formas, en las tres categorías que establecimos anteriormente, el interés por la presencia o ausencia de satisfacción, por lo general, depende de la voluntad del guionista. Un conflicto no resuelto puede ser muy satisfactorio, ya que fue construido para eso. Asimismo, un conflicto resuelto puede producir un enorme malestar, como veremos en el caso de *Chinatown* [Arg.: *Barrio chino* (1974)]; por otra parte, cabe subrayar que la manera en que se entiende la resolución de un conflicto está sujeta a la apreciación personal del espectador, de tal forma que lo que puede parecerle resuelto y terminado para uno, no necesariamente lo será para otro, de la misma manera que lo que parece satisfactorio para una cultura puede no serlo para otra. De todas formas, nos ceñiremos a ejemplos cinematográficos de la cultura occidental.

El conflicto resuelto con desenlace satisfactorio

Los desenlaces que presentan un conflicto resuelto son frecuentes en el cine clásico occidental, y la resolución del conflicto resulta, por lo general, satisfactoria para el público. La mayoría de las películas comerciales suscriben a este postulado.

En *Casablanca* (1942), Rick resuelve su conflicto consigo mismo, con el Estado alemán, con Vichy y con la mujer que ama. Será pues la resolución de estos varios conflictos lo que hará posible el final de la película. Resolución triste, puesto que pierde a la mujer que ama, pero satisfactoria, ya que es verosímil para el universo del filme[47].

Reservoir Dogs [Arg.: *Perros de la calle* (1992)] presenta una resolución del conflicto radical y sangrienta, totalmente acorde con la personalidad de los protagonistas. Esta resolución, que marca de manera clara el final del relato, dado que todos los personajes mueren dentro de la diégesis, es sumamente satisfactoria, aunque no alegre. Los 'malos' se exterminan entre sí, sin que intervenga ningún agente externo. Así, la moraleja queda salvaguardada, y el placer, aunque turbio, que provocaron sus acciones se ve magnificado y justificado. No hablaremos en este caso de la dimensión moral.

En *Manèges* (1949), Robert descubre que Dora, su mujer, no lo ha amado nunca. Este descubrimiento se lleva a cabo en un largo flash-back, mientras Dora, tras un accidente, se encuentra postrada en la cama de un hospital, luchando entre la vida y la muerte. El conflicto central se consolida oponiendo la visión que Robert tenía de su amor, de su boda y de sus esperanzas y la triste

---

[47] Se recuerda al lector que no estamos analizando el guión de las películas aquí citadas, aunque la escritura del mismo haya sufrido cambios. Es el caso de *Casablanca*, cuyo argumento sufrió varias modificaciones durante el rodaje.

realidad que le cuenta la madre de Dora. Comprueba que lo engañaron tanto la madre como la hija. Robert resolverá este conflicto dejando a su mujer, que queda paralítica de por vida en una cama de hospital, al buen cuidado de su madre. Esta decisión lleva al desenlace de la película. Claro que es un desenlace cruel, pero al mismo tiempo sumamente satisfactorio, en el que Jacques Sigurd lleva hábilmente al espectador a odiar el monstruo que ha creado.

El conflicto resuelto con desenlace insatisfactorio

Los desenlaces en los que el conflicto se resuelve de manera insatisfactoria son infinitos, y reposan por un lado en la apreciación del público, y por el otro en el grado de voluntad que el autor puso en la elección de dicha resolución, cualquiera que éste fuera.

El conflicto central de *Thelma y Louise* (1990) se basa en la subordinación de las dos mujeres respecto del hombre, así como también en su necesidad de librarse de él, que se irá afirmando a lo largo de la película. Este conflicto se resolverá de manera radical y, siendo criminales, pagarán con su propia vida el hecho de escapar a la justicia de los hombres. El salto al vacío, en el Gran Cañón, resuelve así el conflicto central, pero la insatisfacción nace del hecho de que este salto parece revocar su derecho a la justicia. Esto es lo que se proponía Callie Khourie, "ya que estas mujeres, aunque fueran asesinas, no se merecían morir".

La Jeune Fille et la Mort (1995) presenta otro ejemplo de conflicto resuelto de manera ambigua. La protagonista, una ex militante de la oposición, vive retirada con su marido en la costa de un país de América Latina. Por una serie de circunstancias llega a su casa un hombre en el que ella cree reconocer a un ex verdugo. A partir de ese momento, la ex militante pensará sólo en la venganza. Múltiples malos tratos harán que el verdugo confiese, y la militante lo dejará en libertad, conformándose sólo con su confesión. El conflicto se ha resuelto, pero no se ha hecho justicia. El desenlace de la película nos muestra a la protagonista en un concierto, capaz ahora de oír *La Jeune Fille et la Mort* de Schubert (obra favorita del verdugo), mientras que el verdugo la mira intensamente desde lo alto del palco, rodeado por su familia. Esta larga mirada entre los dos nos da a entender que ambos ven su propio horror con nuevos ojos, su caída en lo imperdonable, en lo impronunciable, siendo ambos víctima y verdugo. Sus miradas penetrantes y humildes, que admiten la caída, dejan entrever una esperanza de paz y de renovación.

El conflicto no resuelto con desenlace satisfactorio

Resulta difícil establecer una distinción precisa entre las películas cuyo conflicto se resuelve de manera satisfactoria y aquellas en las que el conflicto no se resuelve, pero cuyo desenlace es satisfactorio.

La Jeune Fille et la Mort (1995), que ubicamos antes en la categoría de películas con conflicto resuelto, podría incluirse también, según la apreciación del espectador, en la categoría que ahora nos ocupa. La militante no llega a vengarse. El verdugo está en libertad. Sin embargo, para algunos espectadores la catarsis se basará precisamente en esa comprensión más profunda del alma humana.

Los pájaros (1963) presenta un problema parecido. El conflicto de los protagonistas se resuelve, tanto el de Mélanie y Brennan como el de Melanie con la posesiva madre de Brennan. Sin embargo, la presencia de los pájaros sigue estando. ¿De dónde vienen? ¿Por qué desaparecen? ¿Volverán? No podemos dejar de notar la dimensión simbólica y religiosa de esas aves. Su aparición inexplicable e irracional nos habla también de la imposibilidad humana de comprender la naturaleza y de aceptar nuestro

El conflicto

destino. Este conflicto no puede pues resolverse, y será precisamente esta no resolución lo que nos provoca malestar y nos permite comprenderlo.

Amarcord (1973), película coral unanimista por definición, en la que el argumento parece tener sino una importancia secundaria, presenta un conflicto central que oscila entre la realidad y el sueño y que no se resolverá nunca. Esta insistencia en la imposibilidad de resolución será, por otra parte, el tema del filme. La última imagen es la de un ciego que se enfrenta a la realidad visual que percibe el espectador.

Por último, *Chinatown* [Arg.: *Barrio chino* (1974)] forma parte de esas obras en la que la resolución de los conflictos se lleva a cabo mediante el horror, y sin ninguna duda es uno de los mejores ejemplos del uso sofisticado y complejo de la noción de conflicto en la construcción del argumento. El conflicto externo de la película nos es familiar: Jake J. Gittes, un detective privado, está encargado de investigar una desaparición que lo llevará a descubrir un asesinato, un incesto y un importante fraude que consiste en el cambio del curso de las aguas de uno de los ricos y fértiles valles del norte de California en beneficio de la zona sur de California, territorio árido y seco. El conflicto interno de Gittes surge de su personalidad. Siguiendo el modelo de detective privado clásico de Hollywood, Gittes es un detective duro, taciturno, frío y profundamente escéptico. Serán justamente estos aspectos de su personalidad que lo empujarán a seguir con una investigación que los demás han abandonado. Sin embargo, serán estos mismos rasgos psicológicos que le impiden creer lo que Elwyna Mulwray, su amante, hija de Noah Cross, intenta hacerle comprender, a saber, que su propio padre es el origen de la corrupción en la ciudad y en la familia. La imposibilidad de Gittes para resolver su conflicto interno, debido a su aguda desconfianza que raya en el cinismo y sus sentimientos para con

Elwyna, hace que la resolución del conflicto interno se presente muy tarde.

Contrariamente a lo que suele ocurrir en este tipo de películas, la resolución del conflicto en *Chinatown* lleva al asesinato de Elwyna, única testigo de las maniobras de su padre, que además la violó siendo niña. La hija de Elwyna, de 16 años, será confiada a su abuelo, que en realidad es su padre, y que previsiblemente actuará con la niña como lo hizo con su madre. Además, Los Ángeles y el sur de California tendrán el agua necesaria para su supervivencia, secando los valles del interior y arruinando a cientos de pequeños agricultores. ¡Injusticia evitable si Gittes hubiera podido resolver su conflicto interno!

Cabe señalar además que la manera en que evoluciona esta resolución permite tener una visión inédita del guión. De hecho, Robert Towne escribió varios desenlaces, entre los cuales había uno con *happy end*, en el que Elwyna sobrevivía y aplastaba a su padre. El desenlace que conocemos se decidió durante el montaje, lo que nos permite reflexionar sobre la influencia de la postproducción en el guión.

Capítulo 5
La estructura

1. El sistema de gestión

La estructura dramática es simplemente un sistema de gestión del argumento, una combinación más o menos lineal de los incidentes, episodios y acontecimientos, encadenados unos con otros, que llevan a la resolución del drama.

Para llevar a cabo esta gestión del relato, los guionistas disponen de diferentes procedimientos narrativos como:
- Mecanismos sintácticos como la elipsis, el flash-back, el corte neto y el montaje paralelo, que influyen directamente en el tiempo y la duración.
- Dispositivos específicos del argumento del guión, como la progresión dramática, el viraje, el argumento secundario, el suspense y los modos de narración que aseguran la gestión de la cronología de los acontecimientos.
- El relato en actos, es decir, la estructura ternaria.
- Los dispositivos tradicionales de la dramaturgia, a saber: la crisis, el conflicto, el clímax y la resolución. Estos elementos se han analizado en los capítulos 2 y 4.

1.1 Gestión del tiempo y de la duración

Salvo algunas excepciones, el relato sólo puede desarrollarse en el tiempo con lagunas narrativas y temporales. Para ello hace falta una gestión muy aguda. Algunos relatos cinematográficos pretenden, por su forma y su duración, desarrollarse en tiempo real, como es el caso de *Hith noon* [Arg.: *A la hora señalada*. Esp.: *Solo ante el peligro* (1952)], en la que el tiempo real está marcado por el reloj del despacho del sherif, que coincide con el tiempo diegético de 90 minutos, o como en *Rope* [Arg.: *La soga*, A. Hitchcock, (1948)], o en *The set up* [Esp.: *Nadie puede vencerme* (1949)] en la que el tiempo diegético empieza a las 9:05 y se termina a las 10:16, que corresponde a la duración exacta —71 minutos— de la película. Sin embargo, la mayoría de los relatos se apoyan en la elasticidad del tiempo y de la duración, y para ello cuentan con la complicidad más o menos consciente del espectador que, frente a un relato bien estructurado desde el punto de vista temporal, percibirá la duración de la historia tal y como se la sugerirá el relato[48]. El guionista dispone de varias herramientas que le permiten administrar la elasticidad del tiempo cinematográfico y que garantizan la adhesión del espectador a la ilusión temporal creada.

La elipsis

La definición más simple de elipsis es que se trata de una omisión voluntaria de una parte de información, de un fragmento de la historia, que influye por tanto en la duración del relato.

La elipsis entre escenas: es la más común y exige una gran atención por parte del guionista, ya que se produce en el corte

---

[48] En *La Prisonnière du désert* (1950), la acción se desarrolla a lo largo de 15 ó 20 años, y en *Little Big Man* [Arg.: *Pequeño gran hombre* (1969)], en 110 años.

neto entre escenas, en el paso de una escena a otra. Dos títulos que se suceden sin transición: INT – HABITACIÓN – DÍA, al que le sigue EXT – ACERA – NOCHE, representan en la pantalla dos escenas contiguas desde el punto de vista narrativo, pero rara vez a nivel temporal. De todas formas, puede ocurrir que la escena siguiente se inscriba en la continuidad temporal con un simple cambio de lugar.

La elipsis en la escena: cuando el personaje se mueve dentro de su apartamento, no es necesario que sigamos todos sus movimientos. De cualquier forma, hay que desconfiar de los efectos inesperados que producen las elipsis mal elaboradas. Un personaje que entra en la cocina con un pulóver azul y un cuchillo de pan y que sale con falda y una ensaladera en la mano, corre el riesgo de instaurar una ruptura lamentable con el cuerpo y el desarrollo del relato, aunque pueda causar gracia. Es verdad que la comedia usa la elipsis con una finalidad decididamente cómica. En *Seven chances* [Arg.: *Las siete oportunidades.* Esp.: *Siete ocasiones* (1925)], queriendo mostrar el paso del tiempo, Buster Keaton no duda en efectuar un rápido montaje de un cachorro que evoluciona hasta la edad adulta. En la misma película, el personaje tiene que cambiar de lugar. Entra pues en un coche que tiene como tela de fondo el lugar del que sale y éste se transforma, mediante un fundido encadenado, en el sitio de destino. El personaje se baja entonces del auto. De todas las elipsis temporales presentes en *Citizen Kane* [Arg.: *El ciudadano.* Esp.: *Ciudadano Kane* (1940)], hay una particularmente sorprendente, ya que se produce en medio de una frase ritual que suele enunciarse de corrido: *"Merry Christmas and Happy New Year..."*; el joven Kane tiene alrededor de 8 años. Thatcher, su tutor, lo felicita diciendo *"Merry Christmas..."* y el joven responde lo mismo. El plano vuelve a Thatcher que, con 20 años más, termina tranquilamente sus felicitación *"...and Happy New*

Year". Algunos planos más adelante, descubrimos a Kane adulto. Han pasado 20 años en una sola frase.

La elipsis es pues una herramienta esencial, ya que acelera el relato. Pero también le permite al guionista ir directamente al meollo del significado de la escena. De hecho, a pesar de que se recomienda que cada escena tenga un principio, un nudo y un final, la elipsis permite condensar la duración de cada uno de los elementos narrativos, sobre todo troncando una parte del principio de la escena o el final. Las exposiciones demasiado largas y los desarrollos detallados a menudo son inútiles y tienden a volver más lento y pesado el relato. Uno de los procedimientos de escritura usado en la profesión consiste en escribir la escena completa, con lujo de detalles en cuanto a sus elementos materiales y temporales. Cuando se la vuelve a escribir, se quitará todo aquello que el guionista considere inútil.

La dilación de la duración es lo contrario de la elipsis, pero no se usa casi nunca. Sin embargo, la vemos en escenas de duelos, sobre todo en las películas del Oeste. Estas escenas establecen una sucesión elaborada de varios planos sobre las armas de fuego, sobre los duelistas, cuyos movimientos suelen mostrarse en ralentí, y finalmente sobre los disparos, formando así una sucesión de planos en la que el tiempo narrativo supera al tiempo real. El larguísimo beso de *Sueurs froides* (1958), cuando Scottie encuentra por fin a 'su' Madeleine, es un muy buen ejemplo.

La coincidencia exacta entre el tiempo fílmico y el tiempo real suele centrarse en la interacción de los personajes, lo que le brinda al espectador la posibilidad de saborearlos y profundizar en ellos. *Thelma and Louise*, *The silence of the lambs* [Arg.: *El silencio de los inocentes*. Esp.: *El silencio de los corderos* (1990)], *Sex, lies and videotape* [Arg.: *Sexo, mentiras y video* (1989)], ofrecen algunos ejemplos.

El flash-back o la vuelta atrás

El flash-back de apertura, viaje instantáneo al pasado del personaje o del relato, se considera hoy en día un medio de exposición superado, que ya no tiene cabida en el relato fílmico. El guionista perezoso se servirá de este instrumento en lugar de usar la estructura para informar al espectador. Sin embargo, el flash-back, importante herramienta narrativa del cine de Hollywood, tendrá siempre su razón de ser.

El flash-back informativo dialogado debería evitarse en la medida de lo posible. Este tipo de vuelta atrás, que suele localizarse al principio de la película, le permite al protagonista convertirse en narrador de su propio pasado. La voz de esta narración, que Michel Chion califica como 'voix-je'[49] (véase 3.1, capítulo 3), cuenta lo que el espectador tiene que saber para poder entrar en el relato.

El flash-back informativo visual está un escalón más arriba que el anterior, sin dejar de pertenecer al ámbito de la exposición, bastante obvia y poco refinada, por otra parte. Sin embargo, muchas películas muy buenas han usado este procedimiento de apertura del relato, sin haber por ello caído en el facilismo o el estereotipo. Citaremos algunas como *Citizen Kane* [Arg.: *El ciudadano*. Esp.: *Ciudadano Kane* (1940)], *Little Big Man* [Arg.: *Pequeño gran hombre* (1969)] y *Annie Hall* (1977).

El flash-back de apertura no debe confundirse con el prólogo, que también se situará en el pasado, pero no se trata de una vuelta atrás. La película empieza con una acción que se sitúa meses o años antes que la segunda escena o secuencia, instalando de esta manera una elipsis temporal entre ambas secuencias.

---

[49] Chion, Michel, *La voz en el cine*. Madrid, Cátedra, 2004. 'voix-je" quiere decir 'voz-yo'. (Nota de la T.)

Sueurs froides (1958) y *2001: a space odyssey* [Arg.: *2001, odisea del espacio* (1968)] usan este procedimiento.

Los flash-back en el cuerpo del relato no tienen todos la misma función que los de apertura, ya que por lo general son más dramáticos que informativos. En el mejor de los casos pueden ayudar a revelar la complejidad del personaje a través de una caracterización que suele ser psicológica. No obstante, es discutible esta manera de revelar la motivación del protagonista, dado que es preferible usar la acción en el presente para hacer vivir al personaje frente al espectador y desvelar así su motivación.

De todas formas, la vuelta atrás es una herramienta muy apropiada cuando "expresa el surgimiento convulsivo de recuerdos ocultados por la conciencia[50]". Numerosos filmes, a cuya escritura se le atribuye una influencia de la teoría freudiana, usan este procedimiento gracias al que el protagonista vuelve al pasado o tiene una revelación de él. Citemos, por ejemplo, *Marnie, Marnie* [Esp.: *Marnie la ladrona* (1964)], *Spell Bond* [Arg.: *Cuéntame tu vida* (1945)] y *Suddenly, last summer* [Arg.: *De repente en el verano*. Esp.: *De repente, el último verano* (1959)].

Uno de los aspectos interesantes del flash-back es que el espectador lo interpreta espontáneamente como una vuelta al pasado real del personaje. Ese pasado puede sólo contar la verdad. Está claro que algunas películas juegan con esta interpretación e incluyen el flash-back mentiroso. El ejemplo más famoso lo encontramos en *Stage fright* [Arg.: *Pánico en la escena* (1950)] de A. Hitchcock.

El guionista deberá tener presente que por definición el flash-back tiende a hacer más lenta o incluso a detener la progresión

---

[50] Nacache, Jacqueline, *Le film hollywoodien classique*, Nathan Université, 1995. Léase el capítulo 6 sobre el flash-back.

de la acción, ya que localiza la motivación del protagonista en un pasado distante y no en el presente inmediato.

El montaje paralelo (o alterno)
El montaje paralelo, contrariamente a lo que su nombre parece indicar, no se realiza en la sala de montaje, una vez terminada la película, sino que consiste en un dispositivo escrito, antes de que se ruede la película. El montaje paralelo es un instrumento narrativo dramático que se usa en la escritura del guión. Depende pues del guionista.

Mientras que la elipsis sustrae tiempo, sobre todo entre dos escenas, el montaje paralelo prolonga el tiempo fílmico mostrando de manera contigua dos o más aspectos de un mismo momento que se dan de manera simultánea en lugares diferentes. Por ejemplo, en una escena de duelo, se mostrará la angustia de la mujer que espera o, por el contrario, que ríe. Este procedimiento supone por lo general que los personajes puestos en escena no conocen la otra realidad. Aunque las dos escenas se muestren en la pantalla, una tras otra, ocurren al mismo tiempo. El tiempo fílmico se ve así dilatado respecto del tiempo real, lo que deriva de una antigua tradición literaria.

1.2 Gestión de dispositivos narrativos
Además de los mecanismos de gestión de la duración, existen algunos dispositivos narrativos que se emplean para manejar la cronología de los acontecimientos del relato.

La progresión dramática
Es a la vez la finalidad y el resultado de la puesta en marcha de todos los datos dramáticos que desembocan en la resolución del relato. Para ello, se usan una gran cantidad de mecanismos

específicos entre los que conviene mencionar el largo, la complejidad y la cronología de las escenas.

El orden y la selección de las escenas determinan el argumento y crean la estructura de la película. El siguiente argumento está constituido por cinco tiempos consecutivos:

1- Una mujer es asesinada.
2- Detienen y juzgan a su marido.
3- La amante de éste descubre las pruebas que corroboran su culpabilidad, pero decide ayudarlo.
4- El marido es absuelto.
5- El marido y su amante se van del país y se trasladan a Canadá.

El segundo argumento también consta de cinco tiempos consecutivos, pero se ha alterado la cronología:

1- Una mujer es asesinada.
2- Detienen y juzgan a su marido.
3- La amante de éste lo ayuda durante todo el proceso.
4- Se trasladan a Canadá.
5- Allí, ella descubre las pruebas de su culpabilidad.

Basta sólo el desplazamiento de la escena del descubrimiento de las pruebas de culpabilidad del marido para transformar un argumento. En el primero, la protagonista es cómplice, mientras que en el segundo es una víctima inocente.

Cabe destacar que cada escena tiene su propia estructura, constituida por un principio, un nudo y un final, al igual que la estructura general del filme.

El argumento secundario

El argumento secundario es un elemento dramático que refuerza el tema en la unidad de la obra. Al no poder existir fuera del argumento principal, se apoya en éste, lo refuerza, lo ilumina con una luz nueva, a través de sus propias peripecias y sus propios personajes. El argumento secundario sólo puede existir en función del principal y debería mantener con éste, en todo momento, una relación de verosimilitud que va más allá de una digresión o de un simple carácter utilitario.

Numerosas películas no cuentan con un argumento secundario. Es el caso de *Fatal attraction* [Arg.: *Atracción fatal* (1987)], de *To have and have not* [Arg.: *Tener y no tener* (1944-1945)], o de *Back to the future* [Arg.: *Volver al futuro*. Esp.: *Regreso al futuro* (1985)]. Existen también muchas películas en las que el argumento secundario es difícil de identificar, ya que no fue creado en función del argumento principal.

En *Music Box* [Arg.: *La caja de música* (1989)] encontramos un buen ejemplo de argumento secundario construido para reforzar el principal y para unificar el tema. Ann Talbot es abogada. Su padre, Michel Lazlo, al que se lo acusa de ser un criminal de guerra húngaro, le pide que lo defienda. El argumento principal está constituido por las clásicas escenas de tribunales, así como por las que muestran la relación de la abogada con su cliente. Por el contrario, el argumento secundario trata sólo de la influencia que tiene en la abogada la revelación de los crímenes de guerra que le cuenta Michel Lazlo. ¿Debe seguir defendiendo a su padre?

El magnífico ejemplo de *Crimes and misdemeanors* [Arg.: *Crímenes y pecados* (1989)] no puede sino convencer al guionista novato a explorar el valor, la función y el significado del argumento secundario. En esta película se desarrollan muchos argumentos paralelos:

1- Judah Rosenthal, oftalmólogo, trata en vano de desembarazarse de su amante, que es una carga. Su hermano le sugiere que contrate los servicios de un matón profesional. Dolores Paley será eliminada y Rosenthal no se preocupará nunca por ese crimen.

2- Cliff Stern (Woody Allen), realizador de documentales, trata en vano de realizar una película sobre un filósofo, tema que no le interesa a nadie. Su cuñado, célebre personalidad de la televisión, le propone que haga un documental sobre él. Stern realiza y firma, de mala gana, una obra aguda y divertida sobre la verdadera personalidad de su cuñado. Obviamente el documental no le interesa a nadie.

Estos dos argumentos se encabalgan.

1- Un tercer argumento, aparentemente de menor importancia, plantea la historia de un rabino que está perdiendo peligrosamente la vista. Su oftalmólogo es Judah y participa en todas las reuniones religiosas del grupo.
2- El filósofo muere antes de que Stern pueda rodar el documental.

Todas estas tramas tienen como tema común la moralidad y el conocimiento. De hecho,
- el responsable del asesinato de Dolores no recibe castigo,
- la película de Stern sufre también otro tipo de asesinato, ya que no lo ve nadie,
- el filósofo, cuya reputación intelectual se basaba en la percepción de la naturaleza de la verdad, desaparece,
- el rabino, representante del conocimiento y de la luz espiritual, queda ciego.

El viraje

El viraje, por lo general no anunciado, representa un cambio brutal del flujo narrativo, que influye directamente en el personaje o en la situación. Los virajes son por lo general de mal agüero. La acción elige un rumbo contrario al previsto o al que se daba por descontado, pero lo hace de manera orgánica, respetando las leyes de la verosimilitud y de la necesidad (véase capítulo 1).

El viraje es un elemento dramático fundamental de la estructura ternaria (véase más adelante, punto 1.3). en inglés recibe el nombre de '*plot-point*[51]' y marca un punto muy fuerte dentro del argumento.

Uno de los ejemplos más conocidos, y sin duda de los más dramáticos, es el viraje de situación que se da en *Edipo Rey* cuando el mensajero, feliz de ser portador de una buena noticia, ¡le revela a Edipo la identidad de su madre!

El viraje, que tiene también la función de aumentar tanto la tensión como el interés del espectador respecto del destino del personaje, deberá usarse en el momento oportuno.

En *Les Diaboliques* (1954), Nicole y Christine han echado a la piscina el cuerpo de Michel, el director del internado, después de haberlo drogado y ahogado en una bañera. Al vaciar la piscina, se dan cuenta de que el cuerpo de Michel ha desaparecido. Esto constituye una sorpresa y un viraje del argumento para las dos mujeres, así como también para el espectador.

En *Psycho* [Arg.: *Psicosis* (1960)], Marion Crane le roba 40.000 dólares a su patrón y huye en coche. Presa de remordimientos, se para en un pequeño motel de la carretera y allí la matan de la manera que sabemos. El interés de este viraje –más allá de la cruel ironía de su significado: es inútil y sobre todo peligroso, tener remordimientos– radica en que suprime, sin más ni menos, al personaje hasta entonces considerado principal. Además, este viraje marca claramente el final del primer acto.

Es difícil precisar la diferencia que existe entre el viraje y el golpe de efecto. Se podría decir que este último es siempre inesperado y no ha tenido ningún tipo de anticipación. Uno de los

---

[51] Se lo llama también 'turning point', cuya traducción literal sería 'punto de giro', lo que sugiere un pivote que, girando sobre sí mismo, manda el argumento hacia otras direcciones.

golpes de efecto más bonitos (que funciona también como viraje y como crisis) es el de *The Crying Game* [Arg.: *El juego de las lágrimas* (1992)], cuando se descubre que la *amiga* de Fergus es el *amigo* de Fergus.

Desgraciadamente los golpes de efecto suelen ser inverosímiles.

El uso del *deus ex machina*, por ejemplo, establece un golpe de efecto que aparece al final de la progresión dramática, por lo general cuando el autor no ha encontrado una resolución adecuada del conflicto. El *deus ex machina*, estratagema que no resulta casi nunca satisfactoria, resuelve los problemas de una manera artificial e ilógica, como en ciertos *westerns* en que la caballería llega siempre a último momento para salvar a los pioneros. El mismo Molière llegó a usarlo. La aparición del rey, que perdona todo y a todos al final de *Tartuffe*, constituye un buen ejemplo.

El suspense

Depende exclusivamente de la exposición y está basado en la espera. De hecho el suspense (o también la anticipación) se crea cuando el espectador sabe, y por tanto teme, algo que el protagonista no sabe. Así pues, si el guionista quiere darle suspense a su relato, deberá prestar atención en alternar los puntos de vista y pensar lo más posible en el espectador. ¿Deberá hacer que sepa más que el protagonista? A este respecto, Alfred Hitchcock analiza de la siguiente manera la diferencia entre sorpresa y suspense: "Estamos hablando... Hay una bomba debajo de la mesa. No lo sabemos, y el público, tampoco. La bomba estalla. Todo el mundo se sorprende. Tomemos la misma escena y asegurémonos de que el público sabe que hay una bomba debajo de la mesa. Entramos así en el campo del suspense, ya que el público espera (con impaciencia y anticipación) que la bomba estalle. En el primer caso le hemos ofrecido al público 15 minutos de sorpresa, y en el segundo, 15 minutos de suspense[52]."

En *Rear window* [Arg.: *La ventana indiscreta* (1954)], Jeff observa con ansiedad el apartamento de su vecino de enfrente, que cree que es un criminal. En el mismo apartamento ha entrado Lisa, forzando la puerta, para realizar una investigación reglamentaria. Thorwald, el criminal, vuelve a su casa sin que Lisa se dé cuenta. Jeff, inmovilizado en su sillón ya que tiene una pierna rota, no puede hacer nada, y nosotros, los espectadores, tampoco. El actor y el espectador, unidos en su anticipación, esperan con miedo a que sorprendan a Lisa.

1.3 La estructura ternaria

Forma un todo lo que tiene comienzo, medio y fin.
Aristóteles, *Poética*

Tanto el gremio de guionistas norteamericanos, como los profesores de arte dramático, sin olvidar los manuales de escritura de guión que reúnen sus enseñanzas, parecen preocupados por la noción de estructura. Además, el guión norteamericano tiene la costumbre de incorporar a un personaje decidido, cuya voluntad es la fuerza motriz de la historia. La aparente sistematización de estos dos aspectos del relato dramático —la estructura y el argumento—, no convence demasiado a los europeos que no se sienten cómodos con este postulado que consideran como un automatismo. De hecho, el cine europeo también se apoya en reglas bastante similares, sobre todo la de la estructura ternaria. Sea cual fuera su forma, binaria, ternaria u otra, y sea cual fuere la calidad técnica del guionista, lo cierto es que la estructura, es decir, la gestión

---

[52] Truffaut, François, *El cine según Hitchcock*. Madrid, Alianza, 1974.

del relato dramático, es uno de los elementos de la escritura fílmica más difíciles de dominar. La resolución de esta dificultad intrigó tanto a Syd Field que, en 1979, basó su primer manual de escritura del guión[53] en la eficacia, la presencia inevitable y la universalidad de la estructura ternaria. La someteremos pues a un agudo análisis, ya que como dice Age, "las excepciones no se copian".

La primera definición de estructura ternaria fue elaborada por Aristóteles hace casi 2500 años. Sin embargo, la estructura que se suele recomendar actualmente en los diferentes manuales como garantía de éxito sigue siendo la noción aristotélica. Pero, tal y como hemos dicho antes, la estructura ternaria no es la única, sino que hay otras aplicables al relato cinematográfico. A pesar de todo, "es curioso constatar que una enorme cantidad de películas sigue este modelo, en Estados Unidos y en otros países, incluidas las obras de factura moderna, lo que tendería a demostrar que este paradigma es relativamente independiente de los criterios de clasicismo y modernidad[54]".

El paradigma ternario desarrollado por Field se basa en un guión de 120 páginas y puede ilustrarse con el siguiente esquema:

Introducción	Nudo	Desenlace
Acto I	Acto II	Acto III
Exposición	Desarrollo	Resolución
y planteamiento	del argumento	del conflicto y final
pág. 1-30	pág. 30-90	pág. 90-120

---

[53] Field, Syd, *Screenplay*, Dell Publishing, New York, 1979. Inédito en Francia.
[54] Vanoye, Francis, *Scénarios modèles, modèles de scénarios*, Nathan, París, 1991.

Primer acto

El primer acto es ante todo el acto de la exposición durante el cual el espectador recibe toda la información que le permitirá comprender hacia dónde va el argumento. El asunto, la ambientación, los personajes, los lugares, el estilo y sobre todo el tema deberían establecerse en la exposición. Esta información es rápidamente comunicada en las primeras 15 páginas del guión, haciendo posible así el desarrollo del argumento y suscitando en el espectador interés y curiosidad, que se traducen en las múltiples preguntas que se hará acerca la continuación de la trama.

El final del primer acto suele estar marcado por un acontecimiento catalizador, una crisis que lleva el argumento a una progresión ascendente y que anticipa lo que ocurrirá:

- En *Hith noon* [Arg.: *A la hora señalada*. Esp.: *Solo ante el peligro* (1952)], el primer acto se termina cuando Will Kane decide volver a Hadleyville, decisión que lleva al argumento a establecer un conflicto externo.
- En *Thelma y Louise* (1990), Louise mata a Harlan después de que éste intentara violar a Thelma.
- En *Les Diaboliques* (1954), el primer acto se termina cuando las dos mujeres arrojan el cuerpo de Michel a la piscina.

Las cesuras entre los actos no se establecen sistemáticamente con acontecimientos violentos:

- En *Carrington* (1995), la unión morganática (que durará 17 años) entre Carrington y Lytton cierra el primer acto.
- En *Witness*, John Book, refugiado entre los amish, vuelve a caminar.

El guión francés también tienen en cuenta la estructura aristotélica:

- *La haine* [Arg.: *El odio* (1995)] se estructura en tres actos. El primero acaba cuando los tres compañeros, tras pasar

una noche difícil en una comisaría, se encuentran libres en París. Empieza así un largo vagabundeo nocturno por las calles de la capital.
- *Rosine* (1994) también está construida en torno de una estructura ternaria. El primer acto termina con el regreso del padre, un desconocido, que durante el segundo acto la llevará progresivamente a que la viole.

El primer acto, como todos los demás, por otra parte, basa su estructura interna en la progresión dramática, que reposa en el principio de causalidad.

En *Witness*, William Kelley estructuró el primer acto en tres secuencias:
- Una exposición sinuosa de la forma de vida de los *amish*, así como el viaje de Samuel con su madre hacia Philadelphia.
- Samuel observa el crimen.
- John Book, herido, recuerda la frase de su jefe: "¿quién más sabe que Samuel identificó a Mac Fee?". Y se da cuenta de que sólo su jefe está al corriente de la situación y de que es responsable del crimen del que Samuel fue testigo.

Al igual que en los actos, cada secuencia termina con un acontecimiento que garantiza la progresión dramática y la continuidad del argumento.

Segundo acto

El segundo acto es el más largo. Sirviéndose de peripecias que tienen por función la de llevar el argumento hacia el clímax, que suele marcar el final, el segundo acto desarrolla el argumento, plantea los conflictos, elabora los obstáculos y las dificultades con las que se van a encontrar los personajes y profundiza el tema.

El segundo acto suele comenzar con un *'turning point'*. Se lo suele traducir con la palabra viraje, o nudo dramático, o fuerza dramática o tiempo fuerte. Su función es determinante; es un elemento específico del argumento que suele forzar la acción a moverse en una dirección nueva e inesperada. Por lo general, desde un punto de vista estructural, aparece al principio del segundo acto y al principio del tercero. El *'turning point'*, que llamaremos de ahora en más nudo dramático, no puede confundirse con el clímax que marca el final del los actos, especialmente del último.

En *Les Diaboliques*, Nicole y Christine, tras haber ahogado a Michel en una bañera, arrojan el cadáver a la piscina del internado. Esta acción marca el final del primer acto. Empieza una larga espera. ¿Quién y cuándo descubrirá el cuerpo? Se suceden entonces una serie de peripecias, de las que la primera, uno de los primeros nudos dramáticos de la trama, es la desaparición del cuerpo de Michel. Ha desaparecido de la piscina. A esto le siguen otras peripecias que pertenecen tanto al argumento como al género fílmico: el traje de Michel aparece limpio, misteriosamente; un alumno es castigado por Michel, al que todos suponen ya desaparecido. El segundo acto concluye con un segundo nudo dramático, la reaparición de Michel, sano y salvo, que sale de la bañera y al que ve su mujer.

Tras un primer acto de cadencia sostenida, algunos autores aprovechan el segundo acto para profundizar más en los personajes y sus motivaciones. En *Witness*, después de que John Book se da cuenta de que su jefe es quien ha encargado el crimen, el segundo acto se detiene alegremente en el romance entre Book y Rachel, el trabajo en la granja y la construcción del granero, una acción comunitaria, tradicional y mítica, que actúa como el pivote del acto.

Tercer acto

La función del último acto es llevar el argumento a su clímax, así como también la de resolver los conflictos. A pesar de ser mucho más corto que el segundo, le exige al guionista especial atención, ya que todos los hilos de la historia deberán recogerse de forma coherente. La mayoría de los guionistas sabe el final del argumento. Callie Khourie sabía, antes de escribir el guión, que los personajes de *Thelma y Louise* morirían.

En el capítulo que trata del conflicto (capítulo 4) se han examinado algunos tipos de desenlace en función de la presencia o ausencia de una resolución de conflicto concluyente y satisfactoria para el espectador.

2. La sinopsis

2.1 La sinopsis y la estructura

Una de las técnicas casi ineludibles para la elaboración de la estructura es la escritura de la sinopsis. "Breve resumen de la acción, de los personajes y del contenido; todo esto deberá sentarse por escrito en una o dos páginas de lectura fácil y rápida[55]". La sinopsis permite un planteamiento de los hechos antes de empezar la escritura propiamente dicha. Por tanto, es posible alternar la cronología de los hechos, sin por eso comprometer el trabajo acabado. La mayoría de los guionistas anglosajones acostumbran en general a empezar por la sinopsis, teniendo así una visión de conjunto de la estructura del relato, antes de entrar en el detalle de una escena o una secuencia.

Existen varias formas de sinopsis: 1- la corta, que se reduce a media página; 2- la larga, que es la que nos describe Michel Chion y que tiene 1, 2 ó 3 páginas; 3- el tratamiento, una sinopsis detallada que plantea en prosa una evolución del argumento y de la acción, en tiempo presente y sin diálogo, y que puede llegar a las 50 páginas (los profesionales son bastante reticentes a la escritura del tratamiento ya que si sabemos todo el argumento,

---

[55] Chion, Michel, *Écrire un scénario*, Cahiers du Cinéma/INA, 1985.

entonces ¿por qué no escribir directamente el guión?); 4- el *outline*: término que no tiene traducción, se trata de un resumen del guión, escena por escena, pero sin diálogo; 5- el *stepline*, término también éste sin traducción, es "el argumento contado paso a paso en una sucesión de escenas numeradas en orden y en el que cada escena lleva una frase que resume lo que pasa[56]".

Todos estos instrumentos de trabajo pueden usarse uno tras otro durante la elaboración de la estructura. Los dos primeros son indispensables:

1- La sinopsis corta resume el argumento en pocas palabras, planteando a su vez el contenido e implícitamente el tema. El siguiente ejemplo, elaborado por Jacques Lourcelles[57], podría ser un excelente *pitch*, versión oral de la sinopsis usada por los colegas de Estados Unidos durante la presentación de su proyecto a un productor. El *pitch*, aunque sea reductor, tiene la ventaja de 'recoger' el argumento, respetando la coherencia.

> En París, una joven norteamericana que vende el *New York Herald Tribune* por la calle tiene una relación con un joven ladrón de coches que mató a un policía. La mujer entregará a su amante a la policía y él morirá[58].

Estas líneas, aunque realmente breves, funcionan como sinopsis en la medida en que exponen la crisis y la resolución de la trama, acontecimientos claves del asunto. Se podría decir que todo se reduce a eso, pero que al mismo tiempo queda todo por hacer, ya que para pasar de esta sinopsis a una más detallada habrá que desarrollar la historia.

---

[56] *Ibid.*
[57] Lourcelles, Jacques, *Dictionnaire du Cinéma*, Robert Laffont, 1992.
[58] Para quienes no hayan reconocido la película, se trata de À *Bout de Souffle (Sin aliento)*, de 1959, escrita y realizada por Jean-Luc Godard y basada en una idea de François Truffaut.

2- La sinopsis larga, más detallada, se organiza ya en torno de dispositivos narrativos estructurales, como por ejemplo el acto. Estarán presentes los acontecimientos claves del argumento, el factor desencadenante, las crisis, el clímax y la resolución, así como también los cambios de situaciones. A continuación daremos un ejemplo en el que se critica mediante la construcción de la sinopsis a una estructura ternaria, que tiene su lógica.

Acto 1

Frank, enfermero de 25 años con novia, trabaja en una clínica privada de París. Es responsable de una planta del hospital junto con Roseanne, auxiliar de enfermería. Mientras están ocupados con los enfermos, dos niños de 10 y 12 años entran en el despacho de Frank y juegan con los archivos de los enfermos. Se les caen al suelo y se desordenan. Los chicos los recogen lo más rápido que pueden y se escapan. Más tarde, nos encontramos en el quirófano donde están operando a un hombre. Su cartilla médica está allí, abierta. El enfermo muere de una hemorragia. El cirujano se da cuenta inmediatamente que el enfermo era hemofílico y que ha habido un error en la cartilla. La familia de la víctima inicia un juicio. Frank y el cirujano cumplen una pena de 3 años.

Acto 2

En la cárcel, Frank da muestras de traumas psicológicos. Lo encierran en un psiquiátrico en el que pasará 8 años, curándose. Al salir, se entera de que su novia se ha casado con otro. Marie, su hermana, que se ocupó de él durante todo el tiempo que estuvo internado, se hace cargo de él y lo aloja. Al enterarse de que ha salido del hospital, un joven llamado

Marc, que dice ser uno de los dos chicos que cambiaron las cartillas médicas involuntariamente, le ofrece su ayuda. Frank reacciona mal y rechaza su ayuda.

Acto 3

Christian, el marido de Marie, no soporta la presencia de Frank, que no hace nada por cambiar la situación. La pareja está al borde de la ruptura. Frank, sintiéndose responsable del problema, se va. Algunos años más tarde, nos encontramos con Frank vendiendo periódicos en el metro. Se ha convertido en un sin techo. Un día lo para un hombre y le pregunta si lo reconoce. Frank no tiene la menor idea de quién puede ser ese hombre que le ofrece ayuda. Frank acepta[59].

En una primera lectura, esta sinopsis parece responder a una estructura ternaria. El acto 1 presenta el problema de manera sucinta y termina con la condena de Frank y del cirujano (que está sujeta a fianza, pero eso es otra historia). El acto 2 ubica a Frank en el ambiente en el que ha de vivir durante ocho años. Este acto estará a su vez dividido en tres partes:
1. Conocemos a Frank mucho más que antes.
2. Lo veremos tratando de vencer su enfermedad y de lograr el alta.
3. Lo veremos tratando de adaptarse a la vida familiar, pero no lo logrará. Esta parte termina con el rechazo de Frank a la ayuda que le ofrece Marc.

El comienzo del acto 3 ya está anticipado con el rechazo de Frank y plantea los problemas familiares de Marie y Christian. Frank decide marcharse y se convierte en un sin techo. Nuevo

---

[59] El autor le agradece a Najat Younsi por esta sinopsis.

encuentro con Marc, que le ofrece ayuda a Frank. Éste, a pesar de no reconocerlo, acepta.

Según algunos alumnos que participaron en un curso de escritura de guión, la disposición ternaria de la sinopsis no está bien. Tratando de analizar su desacuerdo, nos dimos cuenta de que el problema más importante de esta sinopsis residía en el tratamiento del personaje de Marc por parte del guionista. De hecho, Marc nos resulta un perfecto desconocido, no lo entendemos, más allá de su culpabilidad, que funciona como motivación. Además, esta misma motivación podría ponerse en tela de juicio, ya que el espectador tiene derecho a preguntarse durante cuántos años un ser humano puede estar motivado por la culpa. Algunos estudiantes sugieren que el protagonista de la película debería ser Marc, en lugar de Frank. El autor insistió, y está en su derecho, en que ésta siga siendo la historia de Frank.

Esta incapacidad de Marc de despertar todo tipo de identificación por parte del espectador hace que sus decisiones no sean creíbles. El acto 1 no adolece de esta falta de credibilidad, pero sí el acto 2, que incluye un cambio esencial para la continuación de la trama (la aparición de Marc).

Otro aspecto difícil de entender es la falta de reacción de Frank. No sabemos nada de sus sentimientos respecto de Marc. Acaba de pasarse ocho años en un psiquiátrico, tras haber pasado tres años en la cárcel. Se supone que debería tener una opinión al respecto.

En el curso se planteó que el guión se prestaría más fácilmente, y de manera más orgánica, a una estructura en 4 actos.

1. El primer acto quedaría tal cual. Frank, personaje principal, odiado por los dioses (dado que no es nada responsable de lo que le pasa, lo que lo convierte en un personaje que no toma decisiones) se encuentra en la cárcel al final del primer acto.

2. Frank pasa de la cárcel a un hospital psiquiátrico –evolución bastante dramática que merece cierta atención– en el que permanecerá durante ocho largos años. El tratamiento de estos ocho años es muy importante. En efecto, si se trata sólo de mencionar los ocho años y al final una elipsis nos trae de nuevo al presente, la estructura ternaria podría en ese caso respetarse. De cualquier forma, sería importante reflexionar sobre el peso y el significado de esos ocho años durante los cuales Frank evolucionará hacia su curación. ¿No sería acaso más verosímil y honesto para con el personaje mostrarlos en la pantalla? En este caso el segundo acto representaría la evolución de Frank hacia la curación, camino difícil y doloroso, su salida del hospital y la llegada a casa de su hermana.
3. En este caso el tercer acto narraría la mudanza de Frank a casa de su hermana, los problemas que surgen en la familia, la noticias de que su ex novia se casó con otro (¿nadie se lo había dicho antes?), etc. Aparece entonces Marc. El espectador se sorprenderá tanto como Frank al ver a este hombre que surge del pasado, del que no sabemos nada, dado que no hay una historia paralela que muestre la evolución de Marc y su actitud respecto de su culpa. ¿Cómo ha vivido hasta entonces? Sea como fuere, Frank se niega a recibir su ayuda. Fin del acto 3.
4. En el acto 4 nos encontramos a Frank en la calle: se siente inútil y molesto y ha decidido irse de la casa de su hermana. La crónica de este largo descenso a los infiernos de la calle no puede realizarse decentemente así como así, por dos razones: la decencia, precisamente, y el hecho de que Frank es el héroe de esta historia. Nos interesa lo que le ocurre. Frank se convierte en un sin techo y se pone a vender periódicos en el metro. ¿Está contento? ¿Se ha

construido un escudo tan fuerte que todo le resulta indiferente? No, dado que en el epílogo surge nuevamente Marc (ha pasado una cantidad indeterminada de años) que vuelve a ofrecerle ayuda. Esta vez Frank acepta.

Como podemos ver, la escritura de la sinopsis es esencial antes de realizar el desarrollo del argumento, ya que permite identificar los puntos débiles de la historia, las debilidades de los personajes, la inverosimilitud de ciertas situaciones y verificar la base sólida de la estructura.

2.2 La estructura oculta

El guionista actual se enfrenta con un nuevo problema, planteado en parte por el espectador, cuya aguda inteligencia detecta todos los hilos, así como también por otros guionistas, a quienes les gustaría revitalizar la forma del guión. Esta renovación radical de la forma ofrece extraños híbridos.

Pulp Fiction (1994) es un caso especialmente interesante. La estructura misma de la película, por su aparente novedad y temeridad, se convierte en objeto y asunto del filme. Un espectador avezado se preguntará por la sutileza que llevó a Tarantino a esta construcción en forma de cadáver exquisito[60]. ¿Tiró por el aire todas las escenas y las agarró sin ton ni son cuando las recogió? ¿Las pegó luego unas tras otras para proponernos el trabajo terminado que conocemos? Éste es sin duda el efecto que Tarantino se proponía que sintiéramos. De hecho, una simple descomposición estructural desvela otra cosa. Los siguientes puntos están desglosados siguiendo la continuidad narrativa fílmica y temporal. Obtenemos así siete grupos de secuencias.

---

[60] Alusión a los juegos de los surrealistas. Además este tipo de guión fue 'explotado' por Jean-Claude Carrière y Luis Buñuel en las últimas películas del realizador.

Tiempo fílmico

1. Cafetería: Pumpkin y Honey Bunny hablan de su futuro inmediato, el atraco a la cafetería.
2. La ejecución: Vincent y Jules, vestidos con un traje negro, conversan agradablemente, caminan por un pasillo, empujan la puerta de un apartamento y matan a los dos ocupantes.
3. El bar de Marsellus: Butch Coolidge habla con el jefe mientras Vincent, que lleva una camiseta y un pantalón corto, entra solo en el bar (Jules no aparece en esta escena). Más tarde, Vincent sale con Mia, la mujer de Marsellus. Esta parte de la película acaba con la 'resurreción' de Mia.
4. El sueño de Butch: el Capitán Koons le lleva al Butch niño el reloj de oro de su padre.
5. Butch se escapa del ring donde, contra las recomendaciones de Marsellus, mató a su adversario y ganó una partida de boxeo. Se encuentra con Fabian, su novia, que le confiesa que se olvidó el reloj. Butch vuelve a su casa, encuentra el reloj y mata a Vincent, que lo esperaba para vengar a Marsellus. Cuando regresa a encontrarse con Fabian, se encuentra por casualidad con Marsellus. Los hermanos Maynard capturan a los dos hombres y violan a Marsellus. Tras haber podido deshacerse de sus ataduras, Butch libera a Marsellus. Los dos hombres hacen las paces. Butch, sano y salvo, deja la ciudad llevándose el reloj, su vida y su novia.
6. En el apartamento donde se lleva a cabo la ejecución (segunda secuencia), Jules y Vincent se enfrentan a un cuarto hombre, que trata de matarlos a pocos metros de distancia. No acierta. Frente a este milagro, Jules se hace inmediatamente creyente. En el coche, Vincent mata a

Marvin sin querer. Llaman a Jimmy the Wolf para que limpie el coche. Jules y Vincent se encuentran en pantalones cortos y camiseta.
7. Cafetería: Jules y Vincent, ambos en remera, siguen hablando sobre la injerencia divina. Pumpkin y Honey Bunny se levantan y atracan la cafetería. Tras haberlos calmado, Jules y Vincent salen tranquilamente a la calle. *The end*.

Tiempo real
2- Jules y Vincent, vestidos de negro, matan a los dos ocupantes del apartamento.

6- Un tercer ocupante trata de matarlos y falla. Jules y Vincent lo aniquilan. En el coche, Vincent mata sin querer a Marvin, cuarto ocupante del apartamento. Llaman a Jimmy the Wolf.

1- En la cafetería, Pumpkin y Honey Bunny hablan.

7- Jules y Vincent, vestidos con pantalones cortos, entran en la cafetería, convencen a la joven pareja de que no atraquen y se van.

3- Vincent, en pantalón corto, llega al bar de Marsellus (presumimos que Jules ha dejado su vida profesional para entregarse a Dios), se encuentra con Butch y más tarde sale con Mia, con cuya 'resurrección' se termina esta parte de la película.

4- El sueño de Butch

5- Butch se va, recupera su reloj, mata a Vincent, salva a Marsellus y deja la ciudad con su bien amada. *The happy end*.

Este análisis de la película de Tarantino nos desvela hasta qué punto la trama oculta es básicamente banal. De hecho, lejos de alejarse de las convenciones del género, Tarantino nos cuenta la historia de Butch Coolidge, un boxeador turbio que, al resolver un conflicto interno (recuperación de su dignidad), establece otro con Marsellus. Gracias a una serie de circunstancias totalmente creíbles, Butch resolverá el conflicto con Marsellus salvándolo de las garras de los hermanos Maynard, lo que le permitirá dejar la ciudad con su bien (el reloj) y su mujer. Es pues posible que el verdadero asunto de esta película sea la misma estructura, deshilvanada, brillante e irónica.

Conclusión

El género guión, así como el del cine, tienen apenas un siglo de antigüedad. Otros géneros, como la novela, el cuento o la obra de teatro han tenido siglos de evolución hasta alcanzar su forma actual. A pesar de que todo parece evolucionar más rápido a partir de la última parte del siglo XX, la escritura del guión sigue siendo, sin embargo, extremadamente joven. Por lo que concierne al futuro, no es descabellado pensar –y esperar– que los nuevos medios que se desarrollan en torno de las tecnologías interactivas y virtuales influirán de manera profunda e imprevisible en la naturaleza de lo que hoy en día llamamos cine y televisión, y por ende, en la naturaleza y la forma del guión. No obstante, puesto que hoy en día dichas tecnologías no están sino en los inicios de su desarrollo, sólo pueden basarse en una idea escrita para poder emerger.

En un documental de la BBC que trataba sobre la intensa colaboración entre David Lean y el guionista Robert Bolt, Lean afirmaba que el talento del guionista es muy diferente al del realizador. "Un día –decía– surgirán individuos capaces de dominar a la vez el lenguaje literario y el lenguaje fílmico". Se citaba a Orson Welles como uno de esos escasos híbridos que reunían esas dos cualidades, cosa nada fácil. Pero hay y habrá otros como él.

De todas formas, parecería que los grandes titanes literarios/fílmicos tienen los días contados. De hecho el aspecto más sorprendente de la nueva generación de realizadores es la evolución de sus fuentes de inspiración. Sus propias experiencias artísticas se basan cada vez más en la historia del cine, en la de la televisión, lo que explica el carácter a menudo referencial de sus obras. Los que han logrado dominar el cine como lenguaje parecen alejarse de las tradiciones literarias y dramáticas de nuestras antiguas culturas.

Una de las funciones del guionista es pues la de construir el puente que unirá los medios actuales y futuros provenientes de la imagen con los del pasado, que asentaban sus bases en los cimientos técnicos y tradicionales del cuento y del teatro. Las nuevas tecnologías, basadas en la interactividad y lo numérico, darán lugar a una producción masiva de trabajos en imagen que se alejarán de la estructura lineal común a la literatura y al teatro. Es por eso que el guionista que trabaja con un imaginario fundado en la tradición literaria y teatral se vuelve indispensable, si queremos conservar lo mejor de la experiencia humana en los albores de este *'brave new world'*.

Índice de películas

El primer nombre en negrita corresponde al **realizador**, el segundo, al guionista, y en el caso de obras literarias, al autor.

- *A bout de souffle* [Arg.: *Sin aliento*], **Jean-Luc Godard**, François Truffaut, Francia, 1959
- *Alien*, **Ridley Scott**, Dan O'Bannon, EE.UU., 1977.
- *Amarcord*, **Federico Fellini**, Tonino Guerra, Italia, 1973.
- *Annie Hall*, **Woody Allen**, EE.UU., 1977.
- *Antígona* (obra de teatro), Sófocles, 495-406 a. de J.C.
- *Back to the future* [Arg.: *Volver al futuro*. Esp.: *Regreso al futuro*], **Robert Zemeckis**, R. Zemeckis, Bob Gale, EE.UU., 1985.
- *Barton Fink*, **Joel Cohen y Ethan Cohen**, Joel y Ethan Cohen, EE.UU., 1990.
- *Baxter*, **Jérôme Boivin**, Jacques Audiard y J. Boivin, Francia, 1988.
- *Blackmail* [Arg.: *Chantaje*], **Alfred Hitchcock**, Charles Bennet, B. W. Levy y A. Hitchcock, EE.UU., 1929.
- *Blanc* [Arg.: *Blanco*], **Krystof Kieslowski**, Krystof Kieslowski, Polonia, 1993.
- *Bleu,* [Arg.: *Azul*], **Krystof Kieslowski**, Krystof Kieslowski, Polonia, 1993.
- *Boudu sauvé des eaux* [Arg.: *Boudu salvado de las aguas*], **Jean Renoir**, René Fauchoix, Francia, 1932.
- *Bringing up Baby* [Esp.: *La fiera de mi niña*], **Howard Hawks**, Dudley Nichols, Hagar Wilde, EE.UU., 1938.
- *Buffalo Bill and the indians* [Arg.: *Buffalo Bill y los indios*], **Robert Altman**, Alan Rodolph, R. Altman, EE.UU., 1976.
- *Butch Cassidy and the Sundance Kid* [Arg.: *Butch Cassidy y Sundance Kid*], **George Roy Hill**, William Goldman, EE.UU., 1968.

- *Bye Bye*, **Karim Dridi**, K. Dridi, Francia, 1995.
- *C'est arrivé près de chez vous*, **Rémy Belvaux**, André Bonzel, Benoît Poelvoorde y R. Bealvaux, Bélgica, 1992.
- *Carrington*, **Christopher Hampton**, C. Hampton y Michael Holroyd, Gran Bretaña, 1995.
- *Casablanca*, **Michael Curtiz**, Julius A. Epstein y Philip G. Epstein, EE.UU., 1942.
- *Chacun cherche son chat*, **Cédric Klapisch**, C. Klapisch, Francia, 1995.
- *Chinatown* [Arg.: *Barrio chino*], **Roman Polanski**, Robert Towne, EE.UU., 1974.
- *Citizen Kane* [Arg.: *El ciudadano*. Esp.: *Ciudadano Kane*], **Orson Welles**, Orson Welles y Herman Mankiewicz, EE.UU., 1940.
- *Conte d'été* [Arg.: *Cuento de verano*], **Eric Rohmer**, Eric Rohmer, Francia, 1995.
- *Crimes and misdemeanors* [Arg.: *Crímenes y pecados*], **Woody Allen**, W. Allen, EE.UU., 1989.
- *Croc Blanc/White Fang* [Arg.: *Colmillo blanco*], **Randal Kleiser**, Jeanne Rosenberg, Nick Thiel, David Fallon, Canadá, 1991.
- *Dances With Wolves* [Arg. *Danza con lobos*. Esp.: *Bailando con lobos*], **Kevin Costner**, Michael Blake, EE.UU., 1990.
- *Dead poets society* [Arg.: *La sociedad de los poetas muertos*. Esp.: *El círculo de los poetas muertos*], **Peter Weir**, Tom Schulman, EE.UU., 1989.
- *Death and the Maiden* [Arg.: *La muerte y la doncella*], **Roman Polanski**, R. Yglesias, A. Dorfman, Francia-Gran Bretaña, 1994.
- *Dekalog* [Arg.: *Decálogo*], **Krystof Kieslowski**, Krystof Piesiewick, Polonia, 1988.
- *E la nave va* [Arg.: *Y la nave va*], **Federico Fellini**, Fellini, Tonino Guerra, Italia, 1983.
- *E.T.*, **Steven Spielberg**, Mélissa Mathison, EE.UU., 1982.
- *Edipo* (teatro), Sófocles, (495-406 a. de J.C.), Grecia.
- *Encore* [Esp.: *Encora*], **Pascal Bonitzer**, Pascal Bonitzer, Francia, 1996.
- *États des lieux*, **Jean-François Richet**, Patrick Dell'Isola y J.-F. Richet, Francia, 1994.
- *Fat City* [Arg.: *Ciudad dorada*], **John Huston**, Leonard Gardner, EE.UU., 1972.
- *Fatal attraction* [Arg.: *Atracción fatal*], **Adrian Lyne**, James Dearden, EE.UU., 1987.
- *Fisher King, The* [Arg.: *El príncipe de las mareas*. Esp.: *El rey pescador*, 1991], **Terry Gilliam**, Richard LaGravenese, EE.UU., 1991.
- *Four weddings and a funeral* [Arg.: *Cuatro bodas y un funeral*], **Mike Newell**, Richard Curtis, Gran Bretaña, 1994.

Índice de películas

- *Germinal*, **Claude Berri**, Arlette Langmann, C. Berri, Francia, 1993.
- *Ginger e Fred* [Arg.: *Ginger y Fred*], **Federico Fellini**, Tonino Guerra, Tullio Pinelli y F. Fellini, Italia, 1985.
- *Gorillas in the mist* [Arg.: *Gorilas en la niebla*], **Michael Apted**, Anna Hamilton Phelan, Tab Murphy, EE.UU., 1988.
- *Hamlet*, Laurence Olivier, L. Olivier (basado en William Shakespeare), Gran Bretaña, 1948.
- *High Hopes* [Esp.: *Grandes ambiciones*], **Mike Leigh**, M. Leigh, Gran Bretaña, 1988.
- *High Noon* [Arg.: *A la hora señalada*. Esp.: *Solo ante el peligro*], **Fred Zinneman**, Carl Foreman, EE.UU., 1952.
- *How To Marry a Millionaire?* [Arg.: *Como abrirse a un millonario.*, Esp.: *Como casarse con un millonario*], **Jean Negulesco**, Nunnally Johnson, EE.UU., 1953.
- *In the name of the father* [Arg.: *En el nombre del padre*], **Jim Sheridan**, Terry George, J. Sheridan, Irlanda-Gran Bretaña, 1993.
- *Independence Day* [Arg.: *Día de la independencia*], **Roland Emmerich**, Dean Devline, Roland Emmerich, EE.UU., 1996.
- *Informer, the* [Arg.: *El delator*] **John Ford**, Dudley Nichols, EE.UU., 1935.
- *Interview with a vampire* [Arg.: *Entrevista con un vampiro*], **Neil Jordan**, Anne Rice, EE.UU., 1994.
- *It Happend One Night*, **Frank Capra**, Robert Riskin, EE.UU., 1934.
- *It's a wonderful life* [Arg.: *Qué bello es vivir*], **Frank Capra**, F. Goodrich, A. Hackett y F. Capra, EE.UU., 1946.
- *Jaws* [Arg.: *Tiburón*], **Steven Spielberg**, Peter Benchley, Carl Gottlieb y John Milius, EE.UU., 1975.
- *Jurasic Park*, **Steven Spielberg**, David Koepp, basado en Michael Crichton, EE.UU., 1993.
- *Kiss me deadly* [Arg.: *Besame mortalmente*. Esp.: *Red siniestra*], **Robert Aldrich**, A.I. Bezzerides, EE.UU., 1955.
- *Kramer versus Kramer*, **Robert Benton**, R. Benton, EE.UU., 1979.
- *L'Emmerdeur* [Arg.: *Salvese quien pueda*], **Edouard Molinaro**, Francis Veber, Francia, 1973.
- *La Grande Bouffe* [Arg.: *La gran comilona*], **Marco Ferreri**, Rafael Azcona y M. Ferreri, Francia, 1973.
- *La Grande Illusion* [Arg.: *La gran ilusión*], **Jean Renoir**, Charles Spaak y J. Renoir, Francia, 1937.
- *La Haine* [Arg.: *El Odio*], **Mathieu Kassovitz**, M. Kassovitz, Francia, 1995.

- *La Religieuse* [Arg.: *La religiosa*], **Jacques Rivette**, Jean Gruault y Jacques Rivette, Francia, 1955.
- *Le Ciel esta à vous* [Esp.: *El cielo es vuestro*], **Jean Grémillon**, Albert Valentin, Charles Spaak, Francia, 1943.
- *Le père Noël est une ordure* [Esp.: *Papá Noel es un desastre*], **Jean-Marie Poiré**, L'équipe du Splendid, Francia, 1982.
- *Le Retour de Martin Guerre* [Arg.: *El regreso de Martin Guerre*], **Daniel Vigne**, Jean-Claude Carrière y D. Vigne, Francia, 1981.
- *Leningrad Cowboys Go to America*, **Aki Kaurismaki**, Aki Kaurismaki, Finlandia, 1990.
- *Léon* [Arg.: *El perfecto asesino*. Esp.: *León, el professional*], **L. Besson**, Francia, 1994.
- *Les Apprentis* [Esp.: *Los aprendices*], **Pierre Salvadori**, P. Salvadori, Francia, 1995.
- *Les Compères* [Arg.: *Los compadres*], **Francis Veber**, F. Veber, Francia, 1983.
- *Les Diaboliques* [Arg.: *Las Diabólicas*], **Henri-Georges** Clouzot, H-G Clouzot, Jérome Géromini, René Masson, Frédéric Grendel, Francia, 1954.
- *Little Big Man* [Arg.: *Pequeño gran hombre*], **Arthur Penn**, Calder Willingham, EE.UU., 1969.
- *Lost patrol* [Arg.: *La patrulla perdida*], **John Ford**, Dudley Nichols, G. Fort, EE.UU., 1934.
- *Man hunt* [Esp.: *El hombre atrapado*], **Fritz Lang**, Dudley Nichols, EE.UU., 1941.
- *Manèges*, **Yves Allegret**, Jacques Sigurd, Francia, 1949.
- *Marnie*, [Esp.: *Marnie la ladrona*], **Alfred Hitchcock**, Jay Preston Allen, EE.UU., 1964.
- *Meet John Doe* [Arg.: *Que bello es vivir*], **Frank Capra**, Robert Riskin, EE.UU., 1941.
- *Mighty Aphrodite* [Arg.: *Poderosa Afrodita*], **Woody Allen**, W. Allen, EE.UU., 1995.
- *Misery*, **Rob Reiner**, William Goldman, EE.UU., 1990.
- *Mon oncle* [Arg.: *Mi tío*], **Jacques Tati**, J. Tati, Jacques Lagrange, Jean L'Hôte, Francia, 1958.
- *Mr. Deeds Goes to Town*, [Arg.: *El secreto de vivir*] **Frank Capra**, Robert Riskin, EE.UU., 1936.
- *Music Box* [Arg.: *La caja de música*], **Costa-Gavras**, Joe Eszterhas, EE.UU., 1989.
- *My father the hero* [Arg.: *Mi papá es un héroe*. Esp.: *Mi padre ¡qué ligue!*], **Gérard Lauzier**, G. Lauzier, Francia, 1991.

- *Neuf mois* [Arg.: *Nueve meses*], **Patrick Braoudé**, P. Braoudé, Francia, 1993.
- *North By northwest* [Arg.: *Con la muerte en los talones*], **Alfred Hitchcock**, Ernest Lehman, EE.UU., 1959.
- *On the water front* [Arg.: *Nido de ratas*. Esp.: *Al este del edén*], **Elia Kazan**, Budd Schulberg, EE.UU., 1954.
- *One flew over the cuckoo's nest* [Arg.: *Atrapado sin salida*. Esp.: *Alguien voló sobre el nido del cuco*], **Milos Forman**, Lawrence Hauben, EE.UU., 1975.
- *París, Texas*, **Win Wenders**, Sam Shepard, RFA, 1984.
- *Paths of Glory* [Arg.: *Senderos de Gloria*], **Stanley Kubrick**, S. Kubrick, Calder Willingham, Jim Thompson, EE.UU., 1958.
- *Petits arrangements avec les morts* [Esp.: *Pequeños desordenes amorosos*], **Pascale Ferran**, Pierre Trividil y P. Feran, Francia, 1994.
- *Pigalle*, **Karim Dridi**, K. Dridi, Francia, 1994.
- *Platoon* [Arg.: *Pelotón*], **Oliver Stone**, O. Stone, EE.UU., 1986.
- *Playtime*, **Jacques Tati**, J. Tati, Francia, 1967.
- *Psycho* [Arg.: *Psicosis*], **Alfred Hitchcock**, Joseph Stephano, Robert Bloch, EE.UU., 1960.
- *Pulp Fiction*, **Quentin Tarantino**, Q. Tarantino, EE.UU., 1994.
- *Rambo*, **Ted Kotcheff**, Michael Kozoll, Sylvester Stallone, EE.UU., 1982.
- *Rear window* [Arg.: *La ventana indiscreta*], **Alfred Hitchcock**, J. M. Hayes, William Irish, EE.UU., 1954.
- *Reservoir Dogs* [Arg.: *Perros de la calle*], **Quentin Tarantino**, Q. Tarantino, EE.UU., 1992.
- *Rocky*, **John C. Avildsen**, Silvester Stallone, EE.UU., 1976.
- *Rope*, [Arg.: *La soga*], **Alfred Hitchcock**, A. Laurentz, EE.UU., 1948.
- *Rosemary's baby* [Arg.: *El Bebé de Rosemary*], **Roman Polanski**, R. Polanki, EE.UU., 1968.
- *Rosine*, **Christine Carrière**, C. Carrière, Francia, 1994.
- *Rouge* [Arg.: *Rojo*], **Krystof Kieslowski**, Krystof Piesiewick, Polonia, 1993.
- *Sabotage* [Arg.: *Sabotaje*], **Alfred Hitchcock**, Charles Bennet, Gran Bretaña, 1936.
- *Safe*, **Todd Haynes**, T. Haynes, EE.UU., 1996.
- *Scarlet Street* [Arg.: *Perversidad*], **Fritz Lang**, Dudley Nichols, EE.UU., 1945.
- *Secrets and lies* [Arg.: *Secretos y mentiras*], **Mike Leigh**, M. Leigh, Gran Bretaña, 1996.
- *Seven chances* [Arg.: *Las siete oportunidades*. Esp.: *Siete ocasiones*], **Buster Keaton**, Jean Havez, Joseph Mitchell y Clyde Bruckman, EE.UU., 1925.

- *Sex, lies and videotape* [Arg.: *Sexo, mentiras y video*], **Steven Soderbergh**, Steven Soderbergh, EE.UU., 1989.
- *Singing in the rain* [Arg.: *Cantando bajo la lluvia*], **Stanley Donen** y **Gene Kelly**, Betty Comden y Adolph Green, EE.UU., 1952.
- *Speed* [Arg.: *Máxima velocidad*], **Jan DeBont**, Grahem Yost, EE.UU., 1994.
- *Spell Bond* [Arg.: *Cuéntame tu vida*], **Alfred Hitchcock**, Ben Hecht, EE.UU., 1945.
- *Stagecoach* [Arg.: *La Diligencia*], **John Ford**, Dudley Nichols, EE.UU., 1939.
- *Stagefright* [Arg.: *Pánico en la escena*], **Alfred Hitchcock**, W. Cook, A. Reville, G. Bridle, EE.UU., 1950.
- *Star wars: a new hope,* [Arg.: *La Guerra de las galaxias*, 1977], **George Lucas**, G. Lucas, EE.UU., 1977.
- *Suddenly, last summer* [Arg.: *De repente en el verano*. Esp.: *De repente, el último verano*], **Joseph L. Mankiewicz**, Gore Vidal, EE.UU., 1959.
- *Terminator*, **James Cameron**, J. Cameron, Gale Anne Hurd, EE.UU., 1984.
- *The 39 Steps* {Arg.: *Los treinta y nueve escalones*, **Alfred Hitchcock**, Charles Bennett, Alma Reville, Gran Bretaña, 1935.
- *The Birds* [Arg.: *Los pájaros*], **Alfred Hitchcock**, E. Hunter, EE.UU., 1963.
- *The Crying Game* [Arg.: *El juego de las lágrimas*], **Neil Jordan**, N. Jordan, Gran Bretaña, 1992.
- *The fireman's ball* [Esp.: *Al fuego, bomberos!*], **Milos Forman**, M. Forman, Ivan Passer, Checoslovaquia, 1967.
- *The go between* [Arg.: *El mensajero*], **Joseph Losey**, Harold Pinter, Gran Bretaña, 1971.
- *The gold rush* [Arg.: *La quimera del oro*], **Charles Chaplin**, C. Chaplin, EE.UU., 1925.
- *The Grapes of Wrath* [Arg.: *Vñas de ira*], **John Ford**, Nunnally Johnson, EE.UU., 1940.
- *The hidden fortress* [Esp. *La fortaleza escondida*], **Akira Kurosawa**, A. Kurosawa, Japón, 1958.
- *The Last Tempation of Christ* {Arg.: *La última tentación de Cristo*, **Martin Scorsese**, Paul Schrader, EE.UU., 1988.
- *The Man Who Knew Too Much* [Arg.: *El hombre que sabía demasiado*], **Alfred Hitchcock**, J. M. Hayes, A. Mac Phail, Gran Bretaña, 1956.
- *The Man Who Knew Too Much* [Arg.: *El hombre que sabía demasiado*], **Alfred Hitchcock**, John Bennet, A. R. Rawlinson, Gran Bretaña, 1934.

- *The night and the city* [Esp.: *Noche en la ciudad*], Jules Dassin, Jo Eisinger, 1950.
- *The piano* [Arg.: *La lección de piano*], **Jane Campion**, J. Campion, Francia-Australia, 1992.
- *The set up* [Esp.: *Nadie puede vencerme*], **Robert Wise**, Art Cohn, EE.UU., 1949.
- *The Shining* [Arg.: *El resplandor*] **Stanley Kubrick**, Diane Johnson, basado en Stephen King, EE.UU., 1980.
- *The silence of the lambs* [Arg.: *El silencio de los inocentes*. Esp.: *El silencio de los corderos*], **Jonathan Demme**, Ted Tally, EE.UU., 1990.
- *The Snapper* [Esp.: *Café Irlandés*], **Stephen Frears**, Roddy Doyle, Gran Bretaña, 1993.
- *The Thing* [Arg. *La cosa*. Esp.: *Enigma de otro mundo*], **Christian Nyby**, Charles Lederer, Ben Hetch, EE.UU., 1951.
- *Thelma y Louise*, **Ridley Scott**, Callie Khouri, EE.UU., 1990.
- *To have and have not* [Arg.: *Tener y no tener*], **John Huston**, Jules Furthman y William Faulkner, EE.UU., 1944-1945.
- *Totale (La)* [Arg.: *Los repodridos*. Esp.: *Dos espías en mi cama*], **Claude Zidi**, Simon Michael, C. Zidi, Francia, 1991.
- *Trafic* [Esp.: *Tráfico*], **Jacques Tati**, J. Tati, Francia, 1971.
- *Trois hommes et un couffin* [Arg.: *Tres hombres y un bebé*. Esp.: *Tres solteros y un biberón*], **Coline Serreau**, C. Serreau, Francia, 1985.
- *Twelve Monkeys* [Arg.: *Doce monos*], **Terry Gilliam**, David Webb Peoples, EE.UU., 1996.
- *Unforgiven* [Arg.: *Los imperdonables*. Esp.: *Sin perdón*], **Clint Eastwood**, David Webb Peoples, EE.UU., 1992.
- *Vértigo*, **Alfred Hitchcock**, A. Coppel, S. Taylor, EE.UU., 1958.
- *Visiteurs (Les)*, **Jean-Marie Poiré**, Christian Clavier, J.-M. Poiré, Francia, 1992.
- *Vlemma tou Odyssea, To* [Arg.: *Mirada de Ulises (La)*], **Theo Angelopoulos**, T. Angelopoulos y Tonino Guerra, Grecia, 1994.
- *Who framed Roger Rabbit?* [Arg.: *¿Quién engañó a Roger Rabbit?*], **Robert Zemeckis**, Jeffrey Price, Peters Seaman, EE.UU., 1988.
- *Who's afraid of Virginia Woolf* [Arg.: *¿Quién teme a Virginia Woolf ?*], **Mike Nichols**, Ernest Lehman, EE.UU., 1966.
- *Wild river* [Arg.: *Río salvaje*], **Elia Kazan**, Paul Osborn, EE.UU., 1960.
- *Witness* [Arg.: *Testigo en peligro*. Esp.: *Único testigo*], **Peter Weir**, William Kelley y Earl W. Wallance, EE.UU., 1984.
- *Woman in the Window, the* [Arg.:*La mujer del cuadro*], **Fritz Lang**, Nunnally Johnson, EE.UU., 1944.

Bibliografía

1. Obras en francés sobre la escritura del guión

BLOCH, John-W., FADIMAN, Bill, PEYSER, Lois, *Manuel du scénario américain*, CIAM, Bruselas, 1992.
CARRIÈRE, Jean-Claude, BONITZER, Pascal, *Exercice di scénario*, Femis, París, 1990.
CARRIÈRE, Jean-Claude, *Raconter une histoire*, Femis, París, 1993.
CHION, Michel, *Écrire un scénario*, Ed. de l'Étoile/INA, París, 1987.
CHION, Michel, *El sonido*, Barcelona, Paidós, 1999.
CUCCA, Antoine, *L'écriture du scénario*, Dujarric, París, 1986.
ELIAD, Tudor, *Comment écrire et vendre son scénario*, Veyrier, París, 1986.
GARCÍA, Alain, *L'adaptation du roman au film*, Diffusion, París, 1989.
JENN, Pierre, *Techniques du scénario*, Femis, París, 1991.
LAVANDIER, Yves, *La Dramaturgie*, Le Clown et l'enfant, París, 1994.
MAILLOT, Pierre, *L'écriture cinématographique*, Méridiens-Klincksieck, París, 1988.
TOROK, Jean-Paul, *Le scénario*, Veyrier, 1986.
VANOYE, Francis, *Récit écrit, récit filmique*, Nathan Université, París, 1989.
VANOYE, Francis, *Scénarios modèles, modèles de scénarios*, Nathan Université, París, 1991.

2. Obras recientes en otros idiomas sobre la escritura del guión

AGE (Agenore Incrocci, llamado), *Scriviamo un film*, Pratiche Editrice, Parma, 1992.
HOWARD, David, MABLEY, Edward, *The Tools of Screenwriting*, St. Martin Press, Nueva York, 1993.
HUNTER, Lew, *Screenwriting 434*, Perigee, Nueva York, 1993.

SEGER, Linda, *Making A Good Script Great*, Samuel Frech, Hollywood, EE.UU., 1987.

SEGER, Linda, *The Art od Adaptation*, Henry Holt & Company, Nueva York, 1992.

SEGER, Linda, WHETMORE, Edward-Jay, *From Script To Screen: The Collaborative Art of Filmmaking*, Henry Holt & Company, Nueva York, 1994.

SWAIN, Dwight V., *Film Scriptwriting*, Focal Press, Boston, 1988.

WOLFF, Jurgen, COX, Kerry, *Top Secrets: Screenwriting*, Lone Eagle Publishing Company, Los Ángeles, 1993.

3. Bibliografía por temas

- La tradición y los mitos

CAMPBELL, Joseph, *Les héros sont éternels*, Seghers, París, 1987 (traducido del inglés *The Hero with a Thousand Faces*).

FRAZER, James George, *Le Rameau d'or*, Laffont, París, 1980 (The Golden Bough).

VOGLER, Christopher, *The Writer's Journey*, Studio City, Michael Wiese Productions, California, 1992.

- El personaje

HORTON, Andrew, *Writing the Character-Centered Screenplay*, University of California, Los Ángeles, 1994. Esta obra considera al personaje como centro del guión y se levanta contra la dictadura de la estructura ternaria.

SEGER, Linda, Creating Unforgettable Characters, Henry Holt & Company, Nueva York, 1990.

TURCO, Lewis, *Dialogue*, Writer's Digest Books, Cincinnati, 1989.

VANOYE, Francis, *Scénarios modèles, modèles de scénarios*, Nathan Université, París, 1991. Léase el capítulo sobre la construcción del personaje.

VERNET, Marc, *Le Personnage de film*, Iris N° 7, París.

- El conflicto

RUIZ, Raoul, *Poéticas del cine*, Santiago de Chile, Sudamericana, 2000. Rechaza el postulado por el cual el conflicto estaría en el centro del drama.

- La estructura

DANCYGER, Ken, JEFF, Rush, *Alternative Scriptwriting*, Focal Press, Stoneham, Massachusetts, 1991. Una alternativa a la estructura ternaria.

FIELD, Syd, *Screenplay* (1979) y *The Screenwriter's Workbook*, Dell Publishing, Nueva York, 1984. Se trata de la ineludible "biblia" sobre la estructura ternaria. Inédito en Francia.

NACACHE, Jacqueline, *Le Film hollywoodien classique*, Nathan Université, col. "128", París, 1995. Trata el tema de la retórica hollywoodiana y en particular sobre el flash-back y la elipsis.

4. Los guionistas trabajando (entrevistas)

- Libros

BRADY, John, *The Craft of the Screenwriter*, Touchstone, Nueva York, 1981. Entrevistas con Paddy Chayefsky, Paul Schrader,. Neil Simon, Robert Towne, etcétera.

FROUG, William, *The New Screenwriter Looks at the New Screenwriter*, Silman-James Press, Hollywood, 1992. Entrevistas con Dan O'Bannon, Joe Eszterhas, Ronald Bass, Jeffrey Boams, etcétera.

GOLDMAN, William, *Adventures in the Screen Trade*, Nueva York, Time Warner Books, 1983.

HENNEBELLE, Guy (dir.), París, *Les scénaristes français*, CinemAction-Corlet Télérama, 1991.

PASQUIER, Dominique, *Les scénaristes et la télévision*, Nathan Université, París, 1995. Un enfoque sociológico del oficio de guionista, sobre todo para la televisión.

SALÉ, Christian, *Les Scénaristes au travail*, Hatier, París, 1981.

QUESTERBERT, Marie-Chrsitine, *Les Scénaristes italiens*, Hatier, París, 1988.

SCHANZER, Karl, THOMAS, Lee Wright, *American Screenwriters*, Avon Books, Nueva York, 1993. Entrevistas con Shane Black, Ron Bass, James Cameron, Callie Khouri, etcétera.

- Entrevistas en revistas francesas especializadas

"Alain Resnais expliqué par ses scénaristes", *Cinéma*, N° 259/260, julio-agosto de 1980. Entrevistas con Jean Gruault, Marguerite Duras, Alain Robbe-Grillet, Jean Cayrol, Jorge Semprún, Jacques Sternberg.

TECHINÉ, André, "Les jardins intérieurs", *Cahiers du cinéma*, N° 383/384, mayo de 1986.

"L'enjeu scénario", *Cahiers du cinéma*, N° 371/372, mayo de 1985. Toda la revista, y en particular "Le cinéma des scénaristes".

BOULANGER, Daniel, "Au générique les scénaristes", *Cinéma*, N° 93.

BRACH, Gérard, "La route de l'or", entrevista, *Cahiers du cinéma*, N° 383/384, mayo de 1986.

BRACH, Gérard, "Le voyageur immobile", *La Revue du cinéma*, N° 416, mayo de 1986.

JEANSON, Henri, "Le métier de scénariste", *Cinéma 56*, N° 10, marzo-abril de 1956.

"Où est la crise?", *Cahiers du cinéma*, N° 305, noviembre de 1979.

Positif, N° 363, mayo de 1991. Artículo de Age, de Gore Vidal y varias entrevistas.

5. Algunos textos sobre la obra dramática

ARISTÓTELES, *Poética*, Buenos Aires, Santiago Rueda, 2002.

EGRI, Lajos, *The Art of Dramatic Writing*, Simon & Schuster, Nueva York, 1952.

FRYE, Northrop, *Anatomie de la critique*, Gallimard, París, 1967.

GENETTE, Gérard, *Figures II*, Le Seuil, París, 1969.

HENNEBELLE, Guy (dir.), *Le remake et l'adaptation*, CinémAction-Corlet Télérama, 1989.

HENNEBELLE, Guy (dir.), *L'Enseignement du scénario*, CinémAction, INA, París, 1991.

La Politique des Auteurs, Entretiens avec dix cinéastes, Ed. De l'Étoile/Cahiers du cinéma, 1984.

Scénario, l'anticipation de l'image, entretiens, Caméra/stylo, septiembre de 1983.

Índice

Introducción. ¿Qué significa ser guionista? 7

Capítulo 1. La compaginación
1. ¿Para quién escribe el guionista? 17
   1.1 Estandarización de la página de guión 17
   1.2 ¿Para quién escribe el guionista? 18
   1.3 El plano, la escena y la secuencia 27
   1.4 La continuidad dialogada 28
   1.5 El guión técnico o *shooting script* 28
2. La compaginación 29
   2.1 Advertencia: ¿cómo construir una forma coherente? . 29
   2.2 La compaginación: primer ejemplo 30
   2.3 Explicación 33
   2.4 Segundo ejemplo de compaginación 42
   2.5 Explicación 48

Capítulo 2. El argumento
1. De la idea al asunto 53
   1.1 La tradición de la narración 53
   1.2 El mito: elemento fundador de la tradición 54
   1.3 Otros elementos fundadores de la tradición 60
   1.4 El asunto 63
2. Del asunto al argumento 65
   2.1 Hacia el argumento 65
   2.2 El tema 67

2.3 Elementos de la dramaturgia del argumento 68
2.4 Para volver a Aristóteles 75

Capítulo 3. El personaje
1. ¿El personaje o el argumento? 79
   1.1 Para introducir al personaje 79
   1.2 ¿Por dónde empezar? ¿Por el personaje o por el argumento? 80
   1.3 Construcción del argumento antes que el personaje .. 81
   1.4 Construcción del personaje antes que el argumento .. 83
2. ¿Cómo construir el personaje? 85
   2.1 Primeros esbozos 85
   2.2 ¿Qué es lo que hay que saber del personaje? 86
   2.3 ¿Cómo encontrar un personaje? 88
   2.4 El protagonista 89
   2.5 El protagonista y su meta 91
   2.6 El héroe decidido 94
   2.7 El protagonista sin metas 95
3. ¿Cómo revelar al personaje? 99
   3.1 A través de la acción 99
   3.2 A través del entorno 100
   3.3 A través del diálogo 101

Capítulo 4. El conflicto
1. La fuerza motriz de la historia 103
   1.1 El conflicto externo 105
   1.2 Del conflicto externo al conflicto interno 106
   1.3 El conflicto y el obstáculo 109
   1.4 El obstáculo y la verosimilitud 113
   1.5 El conflicto, factor de identificación 115
2. ¿Cómo construir un conflicto? 117
   2.1 La definición del conflicto 117
   2.2 El conflicto y la violencia 118
   2.3 El conflicto doméstico o el conflicto universal .. 119

2.4 El conflicto y la comedia 120
2.5 El conflicto y el protagonista 121
2.6 El conflicto y su resolución 122

Capítulo 5. La estructura
1. El sistema de gestión 129
   1.1 Gestión del tiempo y de la duración 130
   1.2 Gestión de dispositivos narrativos 135
   1.3 La estructura ternaria 141
2. La sinopsis 146
   2.1 La sinopsis y la estructura 146
   2.2 La estructura oculta 152

Conclusión 157

Índice de películas 159

Bibliografía 167

OTROS TÍTULOS DE ESTA COLECCIÓN

Arte, estructura y arqueología	Alberto Rex González
Cinéfilos y cinefilias	L. Jullier y J.M. Leveratto
Comprender el cine y las imágenes	René Gardies
De la fotografía	Gabriel Bauret
El acto fotográfico y otros ensayos	Philippe Dubois
El cine-ensayo	Gustavo Provitina
El desnivel. La fotografía puesta a prueba	Hubert Damisch
El diseño indígena argentino	Alejandro E. Fiadone
El fotoperiodismo	Pierre-Jean Amar
El mercado del arte	Raymonde Moulin
El siglo de la imagen analógica	Pierre Sorlin
El yo minimalista y otras conversaciones	Michel Foucault
Estética de la fotografía	François Soulages
Estética de la imagen	Walter Benjamin
Estéticas del audiovisual	Pierre Sorlin
Estética del cine	Dominique Chateau
Grupos, movimientos, tendencias	AA.VV.
Guión de documentales	Sérgio Puccini
Introducción al análisis de la imagen	Martine Joly
La imagen digital. De la tecnología a la estética	Laurent Jullier
La imagen fija	Martine Joly
La sociedad del espectáculo	Guy Debord
La sombra y el tiempo	Jean-Claude Lemagny
Los cuerpos dóciles	P. Croci y A. Vitale (comp.)
Mitos y leyendas de sudamérica	Álvaro Fernández Bravo
Pre-cine y post-cine	Arlindo Machado
Sobre el tiempo	Guido Indij (ed.)
Sonido y sentido	José Miguel Wisnik
T.A.Z. Zona temporalmente autónoma	Hakim Bey
Volumen	Sylviane Agacinski
Walter Benjamin	Susan Buck-Morss